서준호 선생님의

학교
흔들기

서준호 선생님의

학교 흔들기

학교는 무엇 때문에
상처받고 아파하는가?

서준호 글 · 사진

지식프레임

:: 저에게 생명을 주신 부모님, 아내를 보내주신 장인장모님, 내면의 상처를 가장 먼저 다독여준 아내 이진하, 삶의 가장 큰 축복이고 선물인 승진, 범진.

:: 제 인생 최고의 멘토이자 심리극과 상담을 알려주신 마음숲 심리상담센터 박희석 교수님, 가족세우기 기법으로 깊은 눈을 만들어주신 아누락 다르마와 디얀 프라풀라, 제게 맞는 성격이 무엇인지 찾게 만들어주신 림스연구소 임승환 소장님.

:: 제 감정을 살아 숨쉬게 만들어주신 정서상담연구원 이종문 교수님, 힐링캠프의 장을 만들어준 인디스쿨 그리고 정유진 선생님, 철학 수업으로 삶을 바라보는 눈에 대해 알려주신 광주교육대학교 강성률 교수님.

:: 심리극 속에서 울고 웃으며 함께 성장할 수 있었던 한국심리극역할극상담학회 전문가분들, 학교 상담에 대해 여러 조언을 주신 Wee상담 전문가분들, 찾아가는 상담과 힐링캠프 그리고 여러 워크숍으로 치료사라는 역할을 만들어주고 구글 설문과 이메일 만남으로 여러 에피소드를 나눠주신 수많은 제자, 학부모, 선생님, 지금 이 순간에도 함께 행복을 만들어가고 있는 우리 학교 선생님들.

:: 책으로 이야기를 세상에 알릴 수 있도록 기회를 주신 지식프레임 윤을식 대표님, 투박한 제 글을 신의 손길로 다듬어주신 이연선 편집자님, 교정, 디자인 등 보이지 않는 곳에서 많은 일을 해주신 도서출판 지식프레임의 모든 식구들.

:: 마지막으로, 상처는 성장으로 이어진다는 것을 알려준 과거의 모든 아픔들.

감사합니다.

PROLOGUE
나는 무엇 때문에 상처받고 아파했을까?

교직 경력 3년 차 때의 일이다. 과학실에서 실험을 하려는데 반 아이들이 자꾸 떠들기 시작했다. 모래를 살짝 파서 중크롬산암모늄을 넣은 뒤 석유를 붓고 불을 붙이는 모의 화산 실험이었다. 자칫 사고가 날 수도 있는 위험한 실험이어서 나는 신경이 곤두서 있었고, 그만큼 아이들이 집중하길 바랐다. 하지만 그런 내 마음과 달리 아이들은 떠들기 시작했다. 몇 번 조용히 하라고 주의를 주고 달랬지만 아이들은 여전히 소란스러웠다. 그런 아이들의 모습을 바라보던 나는 순간 나도 모르게 욱하고 말았다.

"조용히 하라고 했잖아!!!"

크게 소리치며 나는 갖고 있던 유리 막대를 바닥에 던지고 말았다. 유리 막대는 퍽 소리와 함께 산산조각 났고, 파편 하나가 그만 앞자리에 앉아 있던 학생의 볼로 튀었다. 아차 싶은 순간이었다.

다행히 유리 조각은 아이의 볼을 살짝 스치는 데 그쳤고, 학부모도 상황을 이해하고 누구나 실수가 있을 수 있다며 다독여주셨다. 뭔가를 기다려야 하는 상황에서 아이들이 떠드는 것은 어쩌면 당연한 일이다. 그런데 나는 참지 못하고 화를 내고 말았다. 좋은 교사가 되고 싶은 마음과 달리 화를 내고 실수를 했다는 사실이 견딜수 없이 부끄러웠다.

학교에서 화를 낸 경험은 이 사건 외에도 더러 있었다. 상황이 제대로 통제되지 않거나 원하는 대로 흘러가지 않으면 내 안에서 화가 울컥울컥 올라오곤 했다. 비슷한 감정의 흐름은 가정에서도 이어졌다. 어린 딸과 아들이 밥을 제대로 먹지 않거나 울음을 그치지 않을 때, 가족 여행을 갔는데 사람이 너무 많거나 가족의 평온을 깨는 상황이 벌어졌을 때도 가끔 욱하는 마음이 올라오곤 했다.

하지만 아내는 달랐다. 같은 상황을 접해도 늘 따뜻한 미소를 잃지 않았고, 아이들 나이에는 다 그렇다면서 날 이해시키고 다독여주었다. 그러면 순간 욱하던 마음도 조금 가라앉는 것 같았다.

그러다 문득 궁금해졌다. 같은 일을 겪는데 아내와 나는 왜 반응이 다를까?

항상 따뜻한 남편, 자상한 아빠가 되고 싶었지만, 내 노력과 달리 분노의 감정은 생각만큼 뜻대로 조절되지 않았다. 그렇게 실수가 반복되면서 내 감정은 더욱 불편할 수밖에 없었다. 생각해보니 학교도 그랬다. 어떤 선생님은 비슷한 사건에 잘 대처하지만 나는 상황을 통제하려는 마음이 앞선 나머지 화부터 내는 일이 많았다. 내가 만드는 이 불편한 진동을 느낄수록 좋은 교사, 좋은 남편, 좋은 아빠가 되기 위해서는 욱하는 마음을 조절할 수 있어야 한다는 생각이 들었다. 살면서 맞닥뜨리는 이런저런 일들에 조금 더 유연하게 대처하는 내가 되고 싶었고, 그러려면 우선 욱하는 마음이 어디서부터 시작된 것인지 찾아보는 것이 중요했다.

나는 마음의 평온을 찾기 위해 여러 만남과 배움, 그리고 여행을 시작했다. 그 과정에서 연극치료에 마음이 끌려 대학원에 진학했고, 사이코드라마로 알려진 '심리극'을 만났으며, 학회 전문가 자격까지 공부하게 되었다. 독일 버트 헬링거 박사의 '가족 세우기' 심리치료법을 접한 것도 워크숍을 통해서였다. 그 밖에 다양한 주제의 상담, 심리치료 워크숍과 교육 프로그램에 참여하면서 나는 한 가지 사실을 알게 되었다. 욱하는 마음은 내가 태어나면서부터 갖고 있던 게 아니라, 성장 과정과 가족이라는 구조 속에서 갖게 된 트라우마와 해소되지 못한 감정이 만들어낸 것이라는 사실 말이다. 그리고 그런 감정은 지금까지도 여전히 나의 마음을 흔들고 있었다. 즉, 욱하는 마음의 출발점은 성장 과정에서 제대로 해소되지 않은 분노 감정이었다. 지금의 불편한 감정과 화는 결국 과거에 내가 겪은 수많은 일들과 그때 가졌던 감정들에 의해 조각된 것이었다.

걸핏하면 화를 폭발시키는 나의 습관이, 즉 오래전부터 쌓이고 다져진 나의 감정이 결국 교실과 가정에까지 연결된다는 것을 안 순간, 내게는 변하고 싶다는 강한 의지가 생겼다. 그리고 그 의

지는 내 몸과 마음속 깊이 자리한 기억과 감정, 트라우마를 하나
씩 해결하려는 노력으로 이어졌다. 심리치료사가 되기 위해 수많
은 임상 사례와 상담치료 사례를 접하면서 나는 내 과거의 상처들
과도 재회할 수 있었다. 그 상처를 직면하는 일은 두려웠지만 나는
가족과 교실을 생각하며 힘을 냈다. 과거의 상처받은 어린 나를 다
독였고, 전문가의 도움을 통해 나의 내면에 어떤 힘과 열정이 있는
지도 알게 됐다. 그리고 이젠 마음이 불편한 사건이 생기거나 누군
가 나를 감정의 쓰레기통으로 만들어도, 예전처럼 화를 내기보다
는 좀 더 현명하게 접근하고 불편한 감정을 흘려보낼 수 있는 힘이
생겼다.

　그렇다면 지금 우리 학교의 아이들, 부모들, 교사들의 감정은 어
떤 것일까? 나의 그것과 크게 다르지 않으리라고 생각한다. 학교
와 학교 밖에서 '마음 흔들기', '힐링캠프', '찾아가는 상담' 등의 이
름으로 오랫동안 여러 프로그램을 운영하면서 나는 그들이 무엇

때문에 아파하고 있고, 그 아픔이 과거의 무엇과 연결되었으며, 그 속에는 어떤 대상이 자리 잡고 있는지 조금씩 알게 되었다. 그 과정에서 '학교'가 무엇 때문에 상처받고 아파하는지 더 많은 사람들과 나누고 싶은 이야기들이 생겼다.

이 책을 위해 많은 사람들을 만났다. 그들의 이야기 위에 내 경험을 덧칠해가며 지도를 그리듯 교사와 심리치료사의 눈으로 학교에 관한 글을 썼다. 이전까지는 학교를 머리와 이성, 시스템과 구조로 바라보았다면, 이 책에서는 '감정'의 흐름에 조금 더 초점을 맞추었다. 상담과 심리치료를 통해 나와 다른 많은 사람들이 현재의 어려움을 어떻게 이겨냈는지 이야기하고 싶었기 때문이다.

이 책이 학교에서 발생하는 다양한 문제 뒤에 감추어진 진실을 이해하는 데 도움이 되고, 그 역동을 극복하고 학교를 보다 나은 곳으로 만들려는 교사와 부모, 관리자, 상담/심리치료사, 정책수립자들에게 도움이 될 수 있기를 바란다.

마지막으로, 이 책에 실린 이야기는 단지 한 개인의 이야기가 아니라 '내 이야기이자, 당신의 이야기이며, 우리 모두의 이야기'라는 것을 명심하자!

지은이 서준호

Contents

01
프레이밍

프레이밍 구조화 효과(Framing Effect) 또는
틀 효과라고 한다. 심리학, 사회학 용어로
개인의 판단이나 선택, 태도나 행동이 어떠한 틀을
가졌느냐에 따라 달라지는 현상을 말한다.

같은 학생, 다른 관점

오후 3시, 학교 교무실에서 학교폭력대책 자치위원회 회의가 열렸다. 옆 반 선생님의 요청으로 나도 그 자리에 함께 참석하게 되었다. 학교폭력대책 자치위원회가 개최된 이유는 6학년 여학생 민지(가명)가 주동이 되어 선배 여럿이 후배들로부터 돈을 갈취한 사건 때문이었다. '갈취'라 하면 겁을 주고 위협해서 돈을 억지로 빼앗았다는 것인데, 단어가 주는 어감만큼이나 아이들이 쓴 방법도 교묘했다. 민지와 아이들은 후배들에게 점퍼 한 벌을 억지로 빌려주고, 그 대가로 하루에 5,000원을 요구했다. 그러고는 후배들이 다음 날 돈을 가져오지 않으면 이자로 1,000원을 더 붙였다. 그렇게 이자가 점점 불어나, 나중에는 3만 원이 넘는 돈을 요구했다니 아무리 아이들이라지만 악덕 고리대금업자가 따로 없었다.

사건을 듣고 있던 나는 내심 의아했다.

'민지는 왜 돈이 필요했을까?'

궁금한 게 많았지만 우선 회의를 지켜보면서 생각을 가다듬기로 했다.

회의 자리에서는 처벌과 관련한 이야기가 많이 나왔다.

"본보기를 보여주어야 합니다. 학교에서 이런 일이 다시 발생하지 않도록 다른 학생과 학부모도 알아야지요."

생활부장을 맡고 있던 선생님은 미간에 내천(川) 자를 그리며 굵고 강한 목소리로 말씀하셨다.

"갈취라는 것이 잘못임을 알고 있으면서도 이런 일을 계속했다면 죄질이 아주 못됐습니다. 마침 피해자 학부모들도 강한 처벌을 요구하니 전학 조치를 취하고 공개 사과도 해야 합니다."

생활지도 담당 선생님은 얼굴에 잔뜩 화가 나 있는 듯했다. 평소에도 민지를 위시해 몰려다니는 무리들 때문에 골치깨나 썩는다는 말을 여러 번 했는데, 그동안 답답하고 속상했던 마음을 한꺼번에 분출하는 듯 보였다. 담당 선생님의 말이 너무 강력해서였을까? 회의실에는 잠시 정적이 자리 잡았다.

"처벌과 관련해 좀 더 다른 의견은 없을까요?"

교감 선생님이 주변을 둘러보시더니 말씀하셨다. 그러자 조용히 앉아 계시던 6학년 학년부장 선생님이 조심스럽게 말을 꺼냈다.

"그래도 아직 어린 학생들 아닙니까? 우리가 어렸을 때 장난도 치고 실수도 하면서 자란 것처럼, 민지도 아마 시행착오를 겪는 중이겠지요. 학생을 믿어주고 다독이는 게 우리 교육자가 할 일이 아닐까요?"

세월이 녹여낸, 학년부장 선생님의 잔잔하면서도 확신에 찬 음성은 회의실 안의 사람들을 한 번 더 정적과 함께하도록 만들었다.

회의가 진행되면 될수록 나는 궁금해졌다.

'같은 사건, 같은 학생을 보면서도 어째서 다른 관점으로 바라 보는 것일까?'

생활지도 선생님은 잔뜩 상기된 얼굴로 분노를 표출하며 처벌을 이야기하고 있었고, 학년부장 선생님은 온화한 얼굴로 용서를 이야기하고 있었다. 가만 생각해보니, 평소에도 두 분의 방식은 많이 달랐다. 생활지도 담당 선생님은 반을 조금 엄한 규칙으로 지도하고 계셨고, 학년부장 선생님은 조금은 느슨하게 학급을 운영하고 계셨다. 이런 까닭에 생활지도 선생님 반은 아이들이 자주 꾸중을 듣지만 강력하게 선생님이 끌고 가는 힘이 느껴졌다면, 학년부장 선생님 반은 교실이 정리 정돈되어 있지는 않지만 아주 자연스럽게 돌아가는 분위기가 느껴졌다.

회의가 진행될수록 선생님들의 의견도 양쪽 진영으로 나뉘었다. 조심스럽게 관찰해보니 평소 엄격하게 학급을 운영하는 선생님들은 생활지도 선생님의 의견에 동조했고, 자율적으로 학급 분위기를 조성하는 선생님들은 학년부장 선생님의 의견에 동의했다. 한 사건을 두고 각기 상반된 해법이 충돌하고 있었다.

자기 앞에 놓인 사과 열 개

대학교 때 강성률 교수님께 받은 철학 수업의 한 장면이 떠올랐다. 어느 강의 시간에, 강 교수님은 음료수가 절반쯤 담긴 컵을 책상 위에 올려놓으셨다.

　"사람들은 한 가지를 보고 다르게 생각하기도 한단다. 자, 여기 음료수가 담긴 컵이 있다. 어떤 사람들은 음료수가 절반밖에 남지 않았다고 이야기하고, 또 어떤 사람들은 음료수가 절반씩이나 남았다고 이야기하지. 이런 것이 바로 세상을 바라보는 관점이라고 할 수 있다. 조지 버나드 쇼는 비관주의와 낙관주의에 대해 말할 때 술이 절반 담긴 술병을 놓고 이야기했다고 한다. 자, 자네들은 학생을 바라볼 때도 이와 비슷한 경험을 할 거야. 학생의 좋은 점을 먼저 바라볼 수도 있고, 단점을 먼저 바라볼 수도 있지."

　그리고 교수님은 우리들에게 질문을 던지셨다.

　"여기 사과 열 개가 있다면, 어떤 순서로 사과를 먹겠나?"

　함께 수업을 받던 동기들은 "가장 맛없는 것부터 먹고 가장 맛있는 것을 아껴 놓겠습니다." "가장 맛있는 것부터 먹겠어요." "눈 감고 잡히는 대로 먹겠습니다." 등등 각기 의견을 이야기했다.

"가장 맛있는 사과부터 먹겠다는 사람의 입장을 보면 아마도……."

교수님은 이렇게 이야기를 꺼내며 칠판에 사과 열 개를 그리셨다.

"가장 맛있는 사과, 그 다음으로 맛있는 사과, 그 다음 다음으로 맛있는 사과…… 그래서 열 개 전부 맛있는 사과를 먹겠구나."

교수님은 아래쪽에 다시 사과 열 개를 그리시더니 말씀을 이어 나가셨다.

"가장 맛없는 사과부터 먹은 사람은, 맨 처음 가장 맛없는 사과를 먹고, 그 다음으로 맛없는 사과를 먹고, 그 다음으로 맛없는 사과를…… 그래서 열 개 전부 맛없는 사과를 먹겠구나."

교수님의 이야기는 단순하면서도 깊이가 있었다. 초등학교 시절 급식을 먹을 때 가장 맛있는 음식을 아껴 놓았다가 마지막에 한 입에 털어 넣었던 내 과거 추억이 떠올랐다.

"무엇이 옳고 그르다는 것이 아니라 세상을 바라보는 눈이 그렇다는 것이란다. 나는 너희들이 조금 더 좋은 쪽을 바라보면 좋겠다는 의미로 말한 거야."

학교폭력대책 자치위원회 회의를 바라보는 내 심정도 절반이 담긴 병을 바라보는 사람들의 태도를 목격하는 심정과 비슷했다. 양측의 대립이 길어질수록 몸도 마음도 힘들었다. 강력하게 처벌해야 한다는 주장도 옳게 느껴졌고, 아이들이니 기회를 주어 용서하자는 주장도 옳게 느껴졌다. 학교 입장에서는 처벌이 쉽고 빠른 방법이었다. 용서하고 기회를 주자면, 여기에 관련된 여러 사람을 만나 설득해야 하는 어려움이 한가득 남아 있었다. 회의실 안의 공기는 조금씩 답답해졌고, 자리도 불편해지기 시작했다.

그때 회의에 참석해 조용히 지켜보던 관할 지구대 경찰관이 이야기를 꺼냈다.

"어른들을 보면, 이 세상에 이유 없는 범죄자는 없었습니다. 죄를 짓기로 작정하고 태어나는 사람은 없으니까요. 일선에서 근무하다 보면 학창 시절에 기회를 얻지 못해 더 안타까운 일을 저지르게 되는 경우를 봅니다. 민지의 경우에도 이유가 있지 않을까요? 학년부장 선생님 말씀처럼 여러분은 교육자가 아닙니까!"

순간 우리 모두는 멍해졌다. '교육자'라는 단어가 내 가슴 깊숙한 곳에 박혔다.

교육자의 입장으로 어떻게 처리해야 할까? 말의 여운이 컸을까? 회의는 일단 민지에게 기회를 더 주고, 피해 학생과 학부모와 함께 다음 일을 상의할 수 있는 자리를 마련하도록 계획하면서 끝났다. 옆 반 선생님의 요청에 함께 자리하느라 민지와 관련된 내 의견을 꺼내기에는 어려웠지만, 배울 게 많은 시간이었다.

이번 회의 말고도 학교 안에서 일어나는 사건과 일을 바라보는 시각은 비슷했다. 나중에 밝혀진 사실이었지만, 이번 사건에서 민지 또한 피해자였다. 초등학교 때 형성된 무리가 중학교에서 고등학교로 이어지면서 자연스럽게 폭력이 세습되는 구도가 만들어졌고, 민지와 무리들도 선배들에게 상납하기 위한 돈을 마련하기 위해 궁여지책에서 짜낸 방법이었던 것이다. 자칫 눈앞의 사건만 바라보다가 정작 뒤에 감춰져 있던 더 큰 원인을 놓칠 뻔했다. 그랬다면 민지에게만 책임을 묻고, 사태를 해결하는 근본적인 해법은 여전히 놓친 채로 아이들 삶에 좋지 않은 영향을 주었을 것이다. 눈앞에 보이는 것만이 다가 아닌 세상일은 아이들 세계에서도 마찬가지라는 사실을, 씁쓸하지만 뼈아픈 교훈을 남겨준 사건이었다.

이 에피소드는 심리치료 공부를 하는 내게도 많은 영향을 주었다. 내담자들이 동일한 사건이나 사물을 바라보는 각도와 색깔이 왜 달라지게 되었을까에 대한 궁금증과 이에 대한 해답을 찾아가는 과정이 내게 많은 공부가 되었던 것이다.

우리는 같은 사건을 겪으면서도 다르게 반응하는 사람들을 숱하게 만난다. 동일한 일에 좌절하는 사람이 있는가 하면, 그 일을 삶의 에너지로 삼아 한 걸음 나아가는 사람이 있다. 그렇다면 각자 지닌 장점과 단점 중에서 단점으로만 고개를 돌리는 사람과 반대로 장점의 힘으로 단점을 극복해내는 사람의 차이점은 무엇일까? 과거 양육 과정과 성장 트라우마는 현재 삶에 어떤 영향을 주었을까? 그리고 부모의 삶과 정서적 영향은 어떻게 자녀에게 전달되고 대를 이어가는가?

세월이 흐르면서 상담과 심리치료 경험이 쌓여갔고, 나 또한 여러 심리치료를 통해 삶이 변해가는 경험을 하면서 삶에 자리한 역동과 그 뒤에 숨겨진 많은 스토리를 알게 되었다. 일부러 문제 아이가 되려고 작정한 학생은 없고, 내 아이가 잘못되기를 바라는 부모도 없다는 생각 또한 이 과정에서 생겨났다. 그리고 조금씩 '교육자와 심리치료사'의 역할을 하게 되었다. 학생, 교사, 학부모를 대상으로 상담과 심리치료 프로그램을 진행하고, 학교를 '교사와 치료사'의 관점으로 관찰하게 되었다.

학교, '인간'의 정원

한 사건을 바라보는 데에는 저마다의 주관이 개입할 것이다. 또한 사회의 모든 조직은 조직의 특성이 개인의 주관에 더해져 특정한 태도와 시각을 견지할 것이다. 그런데 학교라는 조직에서만큼은 이 부분에 대해 깊게 고민할 필요가 있다고 생각한다. 2014년 기준 교육통계 자료에 따르면(교육통계서비스 http://kess.kedi.re.kr 참조) 학교는 약 49만 명의 교직원과 약 700만 명의 학생이 하루를 보내는 곳이다. 학교야말로 미래의 꿈나무와 그들을 키워내는 어른이 모여 있는 '가장 큰 정원'이라 할 수 있다. 이렇게 많은 사람들이 모여 있으므로, 학교에서는 자연스럽게 '관계'가 발생하고 그 안에서 수많은 사건(긍정적이든 부정적이든)이 벌어지게 된다. 또한 '관계'가 있으면 기쁨, 희망, 사랑, 평화, 분노, 슬픔, 우울, 혼란스러움, 두려움 등의 감정이 발생하게 된다. 싸움과 폭력, 왕따 같은 사건이 일어날 수밖에 없다.

학교생활을 하다 보면, 사건을 경험하고 반응하는 방식이 각자 다르다는 사실을 알게 된다. 각자의 방식(시각)은 세상을 바라보는 시각과 유사하다. 학교는 다양한 사건이 끊이지 않는 곳인데, 사건이 일어날 때마다 어떤 과정으로 처리하느냐에 따라 결과도 달라지는 것이다. 왜 같은 학교에서도 어떤 학생은 바르게 성장하고, 어떤 학생은 삐딱하게 비틀리게 되는가? 강력한 규칙으로 학생을 제어하려는 선생님이 있는가 하면 학생의 실수를 이해하고 감싸주려는 선생님이 있는데, 이러한 차이는 어디서 오는가? 학생의 뺨을 때린 선생님, 교사의 배에 주먹을 날린 학생은 어떻게 해서 만들어지는가?

　　학교 내에서 벌어지는 사건을, 그리고 이들 사건이 처리되는 방식을 보면서 나는 학교 안에 감추어진 역동이 미칠 듯이 궁금했다.

상담과 심리치료 과정에서 숨겨진 내면이 드러나듯, 눈앞의 사건은 단지 증상이고 결과일 뿐이다. 마찬가지로, 학교에서 벌어진 사건 역시 '증상'이고 '결과'일 뿐이었다. 이를 발생하게 한 원인은 다른 데 있으며, 숨겨진 스토리가 반드시 있게 마련이었다. 이런 호기심은 자연스럽게 학교 안에 자리한 여러 사건과 그 안에 감춰진 스토리와 사람들의 관계에 집중하도록 만들었다.

학교 안의 역동과 흐름을 아는 것은 교육자인 우리에게 많은 시사점을 주리라 생각한다. 사실 학교가 변하기를 바라는 사람은 많다. 교사는 물론이고 학부모와 학생들도 모두 학교가 바람직한 배움의 장소로 바뀌기를 바란다. 이를 위해 다양한 관점에서 학교를 바라보려는 노력이 있는 것도 사실이다. 독일, 핀란드 등 교육 강국의 제도와 체계를 연구하고 검토함으로써 우리나라 교육의 현주소를 알고 학교의 변화를 꾀하려는 시도나, 루돌프 슈타이너*가 제창한 발도르프 교육 원리**와 프로그램을 바탕으로 학교 수업과 행정 시스템을 바꾸어 학교의 효율성을 높이려는 노력 등이 이런 다양성의 일환이라고 볼 수 있다. 그런가 하면 2009년부터 경기도를 시작으로 생겨난 혁신학교에서도 학교를 변화시킬 수 있는 다양한

---

* Rudolf Steiner, 1861~1925 : 독일계 오스트리아인 학자이자 인지학의 창시자다. 1919년 독일 슈투트가르트에 최초로 자유 발도르프 학교를 세웠다.

** 발도르프 교육 : 루돌프 슈타이너가 제창한 교육 사상 및 실천으로 독일에서 시작된 대안 교육의 일종. 교육의 특징은 남녀공학, 에포크 수업(주요 과목을 매일 오전 두 시간 정도 집중적으로 3~5주간 수업하는 것), 전인교육, 성적이 없는 성적표, 교과서 없는 수업, 자치 행정 등이다.

시도가 매우 활발히 진행되고 있다.

학교를 변화시키기 위한 여러 움직임은 과거보다 나은 환경과 미래를 위한 것이며, 학교 내에 자리 잡은 불편한 요소들을 줄이기 위한 노력이다. 따라서 학교에 자리 잡은 다양한 심리적 역동을 알아차리고 여기에 숨겨진 스토리를 아는 것은 학교를 좀 더 나은 곳으로 바꾸고자 하는 사람들의 노력에 힘을 더하는 것이라 생각한다.

이때 무엇보다 중요한 것은 어떤 조언이나 방법도 이를 받아서 적용하는 사람의 마음 상태에 따라 다르다는 것을 염두에 두어야 한다는 사실이다. 같은 방법이라도 상대의 마음이 어떠한지에 따라 큰 효과를 발휘할 수도, 아무런 소용도 없을 수 있기 때문이다. 예를 들어 관계 문제로 힘들어하는 학생에게 시험 성적이 낮다는 이유로 성적을 올릴 수 있는 참고서와 문제집을 사주는 일은 별다른 효용이 없다. 관계 문제로 고민하는 아이의 마음은 대부분 관계에 대한 고민에 쏠려 있어 공부하는 데 에너지를 나눌 수 없기 때문이다. 이 아이의 성적은 아이가 힘들어하는 관계 문제를 해결하면 자연스럽게 올라갈 것이다. 이처럼 마음의 흐름을 알 수 있다면 학교의 변화는 아주 간명하게, 그것도 아주 세련된 방식으로 이루어질 수 있다. 그리고 이렇게 마음을 들여다보고 고민하는 일만이 학교에 진정한 변화를 가져올 수 있는 묘책이라 생각한다.

앞서 이야기한 민지의 경우에도 여러 스토리가 감추어져 있었다. 아이들이 어린 나이에 이혼하게 되어 새벽까지 돈을 버느라 자녀를 돌보지 못한 민지 어머니의 슬픔이 있었고, 피해자 부모와의 언쟁에서 생긴 분노가 있었다. 그런가 하면 민지에게 돈을 주기 위해 아버지의 지갑을 몰래 뒤져야 했던 피해자 학생의 아픈 상처도 있었다. 민지는 선배들에게 돈을 상납하면서 액수가 부족하면 뺨을 맞기도 했다니, 폭력은 위에서 아래로, 마치 먹이사슬의 피라미드를 형성하고 있었던 것이다.

이 사건의 이면을 좀 더 깊이 들어가보면, 생활지도 선생님이 주장한 '학생들에게는 적절한 꾸중과 처벌'이 필요하다는 신념은 어떻게 해서 만들어졌으며, 학년부장 선생님이 간곡히 전달하신 '학생을 믿어주고 다독이는 게 교육자의 할 일'이라는 신념은 어떤 경험으로 만들어졌는지, 그리고 지금 민지는 어떻게 성장했는지에 대한 숨겨진 이야기가 있다. 그리고 모든 일은 서로 상관관계가 있으며 과거는 현재와 이어져 있고, 미래까지 영향을 주고 있다.

다시 말하지만, 학교는 사람이 모이는 곳이다. 사람은 서로에게 감동을 줄 수 있는 존재다. 위로와 따뜻함을 나누어줄 수 있고, 누군가의 희망이 될 수도 있다. 한 사람의 삶이 어떻게 부정적으로 흘러가게 되었는지를 알게 되고 그의 삶과 내 삶을 비교할 기회를 갖는다면, 그리고 성장과 치유를 경험하게 만든 삶의 사건과 내적 힘에 대한 정보를 얻는다면 성장의 발판은 거의 마련된 셈이다. 타인의 삶에 자리한 역동과 흐름을 이해하는 것만으로도 내 삶에 작은 이해의 씨앗이 자랄 수 있고, 이로 인해 삶에도 작은 변화가 찾아온다. 그리고 이를 바탕으로 맺은 관계는 이전보다 조금 더 행복한 관계로 발전할 수 있다고 생각한다.

현재는 미래를 만든다. 가장 먼저, 음료수가 절반쯤 담겨 있는 컵을 보고 자신이 어떻게 생각하고 있는지 점검해보자. 교실에서 일어나는 사건에 대해 어떤 감정이 먼저 올라오는지, 학생들을 바라보는 관점이 어떠한지, 내 자녀의 실수와 내 자녀가 들고 온 결과물에 대해 나는 어떻게 반응하고 생각하는지 차분히 들여다보는 일을 천천히 시작할 때다.

02
진동

감정은 흐름을 타고

1교시 시작종이 울렸다. 5학년 4반 담임인 이상민 선생님은 종이 울린 뒤에야 헐레벌떡 들어왔다. 일찍 출근했지만 교장 선생님이 학부모 사업과 관련한 예산 문제로 아침 일찍 호출하는 바람에 이제야 교실에 들어선 것이다. 이 선생님은 오전 내에 다시 내부 문서를 작성하라는 교장 선생님의 지시 때문에 머리가 복잡했다. 교장 선생님은 자신이 알고 있는 거래처로 일처리를 하지 않았다며 이 선생님에게 쓴소리를 하셨다. 아침부터 윗사람에게 큰소리를 들어서인지 이 선생님은 숨이 가빴다. 아이들과 하루를 보낼 준비를 전혀 하지 못한 것도 짜증 났다. 지도서와 국어 교과서를 교탁 위에 올려놓고 재빨리 컴퓨터를 켰다. 부팅되는 시간도 오늘따라 길었다. 칠판에 단원과 학습 문제를 미리 쓰고 뒤를 돌아보니 아이들은 여전히 수업 준비가 안 되어 있었다. 조금 짜증이 났지만 꾹 참고 준비를 시켰다. 켜진 컴퓨터에서 팝업(쪽지)이 날아들었다. 오늘 일정 안내에서부터 공문과 관련된 내용까지 여러 개였다. "띠링~" 하는 소리가 자꾸만 이 선생님을 예민하게 만들었다. 순간 교실 문이 열리면서 한 아이가 들어와 출력물 뭉치를 주고 갔다. 단원평가 인쇄물이었다. 또 방해받는 기분이 들었고 조금 더 신경이 날카로워졌다. 인쇄물을 교탁 위에 올려놓고, 공부할 글을 한 문장씩 앉은 순서대로 읽도록 시켰다. 한 분단 아이들이 다 읽고 그 다음 분단 아이들이 돌아가며 읽을 차례였다.

차례가 된 용태는 개미 같은 목소리로 웅얼거리며 글을 읽었다. 자신에게 배당된 곳이 다섯 줄이나 되어서 불만이 가득한 목소리였다. 용태는 오늘, 아침밥을 늦게 먹는다고 아버지에게 꾸중을 들었다. 그래서 기분이 좋지 않았고, 글 읽기도 귀찮았다. 하지만 담임 선생님은 다시 읽으라고 한다. 용태는 다시 처음부터 읽었다. 여전히 목소리가 작았다. 담임은 조금 더 큰 목소리로 "다시!"라고 말했다. 그러고는 "네가 큰 목소리로 읽을 때까지 기다릴 거야!"라며 용태를 바라보았다. 용태는 오늘따라 자꾸 재수 없는 일이 생기는 듯했다. 울고 싶지만 반 친구들이 마음에 걸렸다. 그냥 책을 바라본 채 서 있었다.

"야, 용태. 너 책 안 읽어?"

이 선생님은 용태가 책을 큰 소리로 읽지 않은 것을 그냥 넘어가면 다른 아이들도 작은 목소리로 읽게 될까 봐 신경 쓰였다. 그래서 용태에게 조금 더 큰 소리로 이야기했다.

"용태, 너 지금 반항하니? 그래 좋아. 네가 읽을 때까지 기다린다. 누가 이기나 보자."

용태는 더 울고 싶었다. 이런 기분으로 책을 읽을 수 없었다. 다시 읽는다 하더라도 목소리가 작게 나올 것 같았고, 또 꾸중을 들을 것 같았다. 이러지도 저러지도 못하고 그냥 서 있었다. 반 아이들은 용태와 선생님을 번갈아가며 보고 있었다.

그때 교실 전화가 울렸다. 교장 선생님의 전화였다. 이 선생님은 용태에게 쉬는 시간에 따로 이야기하자고 하고 반 아이들에게 읽을 분량을 정해준 뒤, 반장에게 앞에 앉아 떠드는 친구를 칠판에 적도록 시키고는 교장실로 향했다. 수업 시간인데도 부르는 교장 선생님을 이해할 수 없었다. 교장실에 내려가 보니 교장 선생님이 부른 업체 사장이 소파에 앉아 있었다.

용태는 담임 선생님이 교실 밖으로 나가게 되어서 다행이라고 생각했다. 수업 시간 내내 짜증이 났던 용태는 두 팔에 고개를 파묻고 엎드렸다. 오늘은 재수 없는 날이다.

위에 소개한 풍경은 익숙한 교실 내 흐름일 수 있다. 이상민 선생님은 용태가 작은 목소리로 책을 읽는 것을 그냥 넘길 수도 있었다. 용태가 기질상 작은 목소리를 가지고 태어났을 수도 있고, 이 선생님이 섬세한 성격이라면 용태가 오늘 평소 모습과는 조금 달

랐음을 파악할 수도 있었을 것이다.

교실 내 사건으로 보자면 담임과 학생 사이에 일어난 일이라 할 수 있지만, 꼭 두 명 사이의 일이라고만은 할 수 없다. 이 두 가지 사건 전에 어떤 일이 있었고, 어떤 감정의 흐름이 있었는지를 알아보자. 교장은 예산에 민감했고 엄했다. 담임이 학생들과 함께할 시간임을 알고 있음에도 굳이 불러서 채근하고 수정할 것을 요구했으며, 수업 시간까지 침해했다. 이 선생님은 마음이 불편했고, 수업 준비를 제대로 하지 못해 마음이 조급해졌다. 그러다 보니 용태의 작은 목소리가 평소보다 더 신경 쓰였고, 다독임과 격려를 할 여유가 생기지 않았다. 용태의 반응에 대한 답답함에 교장에 대한 답답함이 더해져 여유로움이 사라졌다.

용태는 행동이 느리고 목소리가 작은 소심한 내향형에 해당하는 아이였다. 그래서 자꾸 아버지와 부딪혔다. 아버지는 밥을 늦게 먹는 용태가 못마땅했고, 물어보는 말에 대답을 잘 하지 못하는 게 답답해 꾸중을 했다. 그 소리에 용태는 훌쩍이기 시작했고, 아버지는 용태가 훌쩍거리자 더 화가 나서 용태를 심하게 나무라고 말았다. 용태는 슬펐고, 위로받고 싶었다. 성격이 소심해서인지, 용태는 마음이 풀리는 데 시간이 제법 걸리는 아이였다. 그런데 오늘따라 수업 시간에도 목소리가 작다며 꾸중을 들었다. 이런 일이 잦아지자, 남들 앞에서 글을 읽는 게 두렵고 싫었다. 담임 선생님도 보통 때라면 이런 목소리로 읽는다고 크게 꾸중하지 않았다. 용태는 억울했고, 교실을 뛰쳐나가고 싶었다.

이 사건만 보자면 담임 뒤에는 교장이 있었고, 용태 뒤에는 아버지가 있었다. 그리고 작은 사건에 각자가 가지고 온 감정이 더해져 조금 더 큰 감정적 사건으로 발전하고 있다. 사람 사이의 감정은 이렇듯 복합적으로 이루어지며, 이 안에서 미묘한 진동이 생긴다. 교장은 이상민 선생님에게, 이 선생님은 용태에게, 아버지는 용태에게, 용태는 이 선생님에게 서로 크고 작은 진동을 주고받는데, 잘 보면 높은 곳에서 낮은 곳으로, 큰 곳에서 작은 곳으로 더 큰 영향이 미치는 것을 알 수 있다. 교장 또한 어딘가에서 그 진동을 받았기 때문에 예산에 민감한 상태에 빠졌고, 이로 인해 이 선생님의 일처리에 예민해졌을 수 있다. 용태 아버지 또한 어딘가에서 진동을 받았기 때문에 아이가 밥을 늦게 먹는 것에 대해 다독이지 못하고 화를 냈을 수 있다.

학교의 변화는 곧 학생의 변화

이렇게 가정 내에 생기는 진동이 학교로, 학교에서 생긴 진동이 때로는 가정으로 전달되기도 한다. 이런 진동을 '모빌'에 비교해보자. '모빌' 개념은 2013년에 출간한 필자의 책 《마음 흔들기》에서 자세히 설명한 바와 같이, 한 조각이 전체에 영향을 미치는 현상을 설명하기 위한 것이다. 모빌의 한 조각이 흔들리면 그 영향으로 나머지 조각까지 흔들리고 그 진동이 전체에 전달되듯이, 생활에서 일어나는 작은 진동이 얼마든지 삶 전체를 뒤흔들 수 있는 것이다.

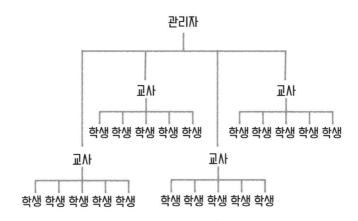

　가족은 모빌과 같다. 서로 균형을 맞추며 연결되어 있다가, 가족 구성원 중 누군가에게 충격이 가해지면 가족 모두에게 진동이 전달된다. 이때의 충격이 부정적인 것이라면 가족 모두가 감정적으로 불편한 진동을 경험하게 되고, 좋은 것이라면 가족 모두가 좋은 감정을 함께 경험할 수 있게 된다.

　모빌의 구조는 학교에도 그대로 적용된다.

　학교는 조금 더 큰 모빌이라 할 수 있다. 모빌은 상위 요소와 하위 요소로 이루어져 있다. 완벽한 균형으로 천장에 매달려 있는 이미지는 곧 학교다. 가장 아래 매달려 있는 여러 개의 작은 모형은 학생이다. 이 작은 모형들은 위의 가느다란 막대와 연결되어 있는데 이 막대는 담임이다. 이러한 유사한 형태의 구조가 여러 개 상위에 자리 잡은 큰 막대에 달려 있는데, 이 가운데 가장 큰 막대는

<u>학교의 관리자</u>라 할 수 있다.

학교 구조의 모빌에서 가장 아래에 가해진 충격은 가장 위쪽으로 그대로 전달된다. 마찬가지로 가장 위에서 생긴 충격은 아래로 곧장 전달되며, 중간에 가해진 충격 역시 전체에 진동을 만들어낸다. 그렇다면 누가 더 큰 영향을 미칠까? 모빌의 구조도를 보면 확인할 수 있는 것처럼, 학생보다 담임이, 담임보다 관리자가 만드는 진동이 크다. 즉 관리자가 행복하고 심리적으로 안정적이면 각 담임들과 학생들까지 안정적일 수 있다. 반대로 관리자가 불안하거나 결핍을 겪고 있으면 각 담임과 학생들에게 영향을 줄 수 있다. 담임 또한 심리적으로 불안정하면 학생들에게 영향을 줄 수 있고, 가정의 경우 부모는 자녀에게 영향을 주게 된다.

아버지이면서 교사인 나는 심리치료를 공부하면서 워크숍에 여러 번 참여할 기회가 있었다. 나는 워크숍에서 내 안에 자리 잡은 내면의 문제를 다루면서 이전보다 행복한 발걸음을 내딛게 되었고, 이에 따라 훨씬 더 안정적으로 변하게 되었다. 내가 변하자, 가정과 교실이 행복해지고 웃음이 많아지는 것을 몸소 경험했다.

학교는 학생을 위한 곳이다. 학생의 부모가 먼저 행복해야 하고, 학생과 함께 학교에 자리한 교사와 관리자가 행복해야 한다.

그래서 학교를 구성하는 학교, 학부모, 교사, 관리자 측면에서 관리자 → 교사, 학부모 → 학생으로 가는 정서적(심리적) 연결 관계가 중요하다. 학생은 부모와의 문제를 교사에게 투사하기도 하고, 교사는 가족적 트라우마를 교실과 관리자에게 투사하기도 한다.

학교 내에 자리 잡은 각 구성원들이 서로 유기적으로 영향을 주고 받고 있는 것이다. 학생과 교사를 대상으로 한 심리치료의 경험을 돌아보면, 양 진영 모두 각자의 분노와 결핍을 실제 대상이 아니라 학교에 있는 만만한(?) 누군가에게로 보내고 있다는 것을 알게 된다. 원인이 된 대상을 향해 분노를 표출하지 않고 엉뚱한 곳에 화풀이를 하고 있는 셈이다.

학생, 교사, 학부모, 관리자 누구 한 명 때문에 괴롭고 힘든 사람이 있다면 앞으로 이야기할 여러 사람들의 에피소드가 도움이 되

면 좋겠다. 무슨 일이든지, 결과에는 원인이 있게 마련이고 하나의 사건은 그 자체로만 동떨어져 존재하지 않는다. 사건을 꿰는 흐름이 있고, 그 안에 자리 잡은 여러 사람의 관계와 역동, 감정이 있다. 사람은 누구나 장점과 단점을 함께 지니고 있다. 단점에만 휩싸이면 장점이 눈에 보이지 않는다. 어느 누구의 삶도 완벽하지 않다. 불완전한 사람끼리 모여서 서로 보듬고 이해하며 살아가는 것이 인간의 마을이다. 각자 장점과 내면의 힘을 드러내고 서로 내민 손을 맞잡은 뒤에 학교의 변화를 꾀하려는 노력이 매우 필요한 때다. 그리고 이런 태도야말로 학생들의 행복에 한 걸음 다가가는 바람직한 지름길이 될 것이다.

객관적으로 나를 알아가는 길

최선을 다하지 않는 사람은 없다. 누구나 다 각자 선 자리에서 최선을 다해 살아가고 있다. 하지만 내가 하는 최선이 누군가를 상처받게 만들 수도 있다. 과연 나는 부모로서(교사로서) 어떠한 진동을 자녀(학생)에게 전달하고 있을까? 그래서 무엇보다 자기 자신을 객관적으로(제3의 눈으로) 바라보는 경험이 필요하다. 가장 먼저 해야 할 일이기도 하다. 이를 위해서는 객관화된 도구를 이용해 심리 검사를 받고 자신의 상태가 어떠한지 파악해보아야 한다.

자기 자신을 객관적으로 들여다보는 검사이므로 검사 결과를 보면 실망스러울 수도 있다. 그러나 자기 자신을 이해하는 일이므로 좋은 경험이라고 생각하는 게 좋다. '컵에 음료수가 절반밖에 남지 않았네!'와 같은 실망스러운 부분에 집중하는 것이 아니라 자신의 부족한 부분을 줄이기 위해 '올 한해 어떤 일을 해볼까?'와 같은 생각을 하는 것이다. 검사 결과가 나오면 이를 긍정적으로 이용해야 한다. '컵에 음료수가 절반이나 남았네!'와 같은 마음으로 심리치료 결과를 받아들이자. 심리치료가 주는 불편함과 고통이 오히려 자신의 삶을 더욱 긍정적으로 살아가게 하는 힘과 에너지를 제공하는 경우를 보게 된다. 그 힘을 이용해 자신의 삶을 조금씩 바꿔 나가야 한다. 그러면 자신이 만드는 진동의 색과 파장이 보다 긍정적으로 바뀔 수 있다.

자신을 아는 것은 자기 삶의 또 다른 변화를 위한 첫걸음을 만들어내는 길이다. 내 삶의 안정적인 변화는 나뿐만 아니라 상대방도 좋게 만든다. 더불어, 함께, 좋은 방향으로 가는 지름길이 되는 것이다. 우리 마음속에 자리 잡은 감정을 만나야 하고, 현재보다 조금 더 행복해지기 위한 많은 일을 해야 한다. 그러기 위해서는 자신에 대해 두려움을 잠깐 내려놓고 투명하게 바라보는 것이 필요하다. 진실을 알게 되는 것은 불편한 일이지만, 심리치료의 장 안에서는 직면(直面)을 통해 변화와 성장을 만들어내는 많은 내담자를 확인할 수 있다. 그들처럼 이 책을 읽는 여러분이 현재의 여러 문제를 직면하고 알아차리길 바란다. 그리고 자신이 만드는 진동을 확인하고 그에 대해 책임이 있다는 것을 부디 기억하기를 바라는 마음이다.

교사는 교사라는 옷을 입고 있기 때문에, 부모는 부모라는 옷을 입고 있으므로, 자신에게 어려운 일이 생기면 스스로 책임지고 해결하고자 하는 마음이 다른 집단에 비해 강하다. 그래서 교사와 부모들 중에는 '마음의 문제'와 관련된 책을 사서 읽는 사람이 많다. 그러나 책을 읽고 고개를 끄덕이며 따라 해보려 하지만 자신의 삶은 그렇게 잘 변화되지 않는다. 왜 그럴까?

서점에 있는 많은 책 가운데 어째서 유독 그 책이 눈에 띄었을까? 그리고 책을 읽으면서 우리는 어째서 특정 부분이 눈에 띄는 걸까? 사람들 마음에는 각자 끌리는 분야가 있기 때문에 객관적으

로 책을 선택하지 못한다. 사람들은 대개 자신이 원하는 부분을 이미 마음속에 그려놓은 상태에서 책을 통해 확인하고 싶어 한다. 따라서 자신의 감정 상태와 공명이 잘 되는 유형의 책이 자신의 눈(마음)에 띄게 마련이다. 자기 안의 결핍, 해결하지 못한 욕구가 끌림을 만들었기 때문에 객관적으로 자신에게 좋은 책을 선택하기보다는 자신이 원하는 책을 선택하게 되는 것이다.

이 책을 읽는 여러분이 교사 또는 부모라면 변화를 위해 가장 먼저 현재 자신의 상태가 어떠한지 알아보는 일을 시작하자. 이를 위한 가장 쉽고도 빠른 방법은 가까운 상담센터 또는 전문가의 도움을 받는 것이다.

나는 6개월에 한 번씩 나 자신을(주관적으로 감정을 투사하는 것을 내려놓고) 객관적인 눈으로 바라보고, 현재의 상태를 조망하기 위해 검사를 받는다. 검사 결과는 매번 일정하지 않다. 학교에 새로 전입했을 때, 과한 업무가 배정되었을 때, 학생과 갈등이 생겼을 때, 자녀가 새로 태어났을 때, 내 삶에 생기는 여러 사건과 관계 때문에 결과에는 항상 미묘한 변화가 있다. 그때마다 '이 결과는 어떤 일에서 기인했을까?' 하는 마음으로 내 삶을 돌아보고, 부정적인 요소를 제거하는 일을 계획하고 조금씩 변화를 만들어간다.

필요하다면 전문가의 조언을 받아 상담, 명상, 운동, 춤, 심리치료, 워크숍 등 다양한 프로그램으로 작은 변화를 만들어가라고 말씀드리고 싶다. 작은 변화가 쌓이고 경험이 쌓이면 결과에도 변화가 생기고, 자신의 삶에도 또한 변화가 찾아온다.

그런데 심리검사를 받기 위해 상담센터나 신경정신과에 방문하는 것은 우리나라 실정에서 무척 어려운 일이다. 남들의 시선이 신경 쓰이고 어떤 결과가 나올지 두렵기도 하다. 하지만 전문가가 검사 결과를 보고 해석해주고 조언을 해주는 것이 자신에게 큰 도움이 된다는 사실을 잊어서는 안 된다.

스스로 해석하고 속단하는 일만큼 어리석은 것은 없다. 전문가는 나의 검사 결과를 보고, 나에게 적절한 판단과 객관적인 조언을 내려줄 수 있다. 그리고 그들의 전문적인 지식은 나에게 내일을 향한 발걸음을 내딛는 데 긍정적인 도움을 줄 수 있음을 명심해야 한다. 스스로 주관적인 해석을 하는 오류를 범하지 말고 전문가의 도움을 받는 일이 필요한 이유가 여기에 있다. 아울러 그들을 믿는 마음이 우선해야 한다. 그들은 전문적인 교육을 받았고, 비슷하면서도 다양한 여러 사례들을 접하면서 검사 결과를 분석하고 조언한 경험이 풍부한 사람들이다. 따라서 이왕이면 경험이 풍부한 전문가와 상담을 하는 것이 좋다. 자신의 문제를 잘 해결하기 위해 노력한 사람이 좋다는 것 또한 기억하자.

심리검사를 받기 위해서는 상담학회나 임상 현장에서 인정하는 심리검사를 이용하는 것이 좋다(검증되지 않은 검사의 결과를 확인하는 일은 재미로만 보아야 할 것이다). 상담센터를 방문하면 목적이 무엇인가에 따라 성격검사(LCSI, 에니어그램 등)*, 우울척도검사 등 여러 검

---

* 성격검사 가운데 MBTI는 심리검사로 사용하지 않는다. MBTI는 마이어스-브릭스 유형 지표(Myers-Briggs Type Indicator)로, 캐서린 쿡 브릭스(Katharine C. Briggs)와 그의 딸 이사벨 브릭스 마이어스(Isabel B. Myers)가 카를 융(Carl G. Jung)의 성격 유형 이론을 근거로 개발한 성격 유형 선호지표다.

사를 받을 수 있다. 신경정신과에서는 MMPI-2(다면적 인성검사) 등을 추가로 받을 수 있지만 꽤 많은 비용을 지불해야 한다(임상심리사의 경력에 따라 가격 차이가 있다).

아직은 용기가 없어 선뜻 나서기 힘든 분들도 분명히 있을 것으로 생각한다. 이런 분들에게는 차선책으로 다음의 방법을 권유하고 싶다. 이는 내가 대학원과 학회의 자격 과정 상담 공부를 통해 알게 된 방법으로, 상담센터에서 경험한 여러 검사 가운데 신뢰도가 높고 쉽게 접근할 수 있는 용이한 검사다.

▶ LCSI(Lim's Character Style Inventory) 종합성격검사

림스연구소(http://www.lcsi.co.kr/)에서 검사를 신청하면 인터넷상에서 여러 문항에 답을 할 수 있고, 이에 따라 출력된 결과물을 받을 수 있다. 검사 결과에는 개인의 성격을 하나의 이미지로 통합하여 파악할 수 있는 프로파일과 자세한 설명서가 포함된다.

이 검사에서는 특히, 다양한 성격 특성들이 효과적으로 기능하고 있어서 부정적 자극에도 불구하고 내면 상태를 안정적으로 유지하고 불필요한 긴장을 경험하지 않도록 해주는 스트레스 내성에 대한 자료를 확인할 수 있다. LCSI 종합성격검사는 2013년 (사)한국상담심리학회 1급, 2급 자격 수련을 위한 표준화 심리검사로 인정

받았으며, 한국청소년상담복지개발원의 검토를 거쳐 CYS-Net에 정식으로 등재되어 현재 청소년지원센터 및 관련 기관이 사용하고 있다.

▶ MMPI-2 검사

MMPI(Minnesota Multiphasic Personality Inventory)는 다면적 인성검사라고 불린다. 교사나 학부모가 검사를 받기 위해서는 개인 상담소를 방문하거나 정신건강의학과가 있는 병의원, 또는 대학 내 상담소를 이용하면 된다.* 그리고 교육청 내 위(Wee)센터, 위(Wee)클래스에 비치되어 있는 경우에도 검사가 가능하다. 각 기관에 방문 후 초기 면담을 거쳐 본 검사가 필요한 경우 또는 원하는 경우 받을 수 있다.

검사에 걸리는 시간은 약 1시간 30분에서 길게는 2시간 정도 소요된다. 이 검사 한 가지만 실시하는 경우는 드물며 주로 종합적인 심리검사 내용 중 하나로 포함되거나 몇 가지 셀프 리포트 검사와 함께 실시된다. 비용은 적게는 5만 원에서 많게는 10만 원 정도이며, 대학 내 상담소 또는 위(Wee)센터 등의 기관에서는 이용하는 학생들에게 무료인 곳도 있다.

검사는 수검자가 실시한 내용의 타당도를 파악할 수 있는 척도들이 포함되어 있어, 검사 해석 전에 타당도(faking bad, faking good, 무작위 응답, 축소보고 여부 등)를 먼저 확인할 수 있다. 또한 여러 가

---

* 참고할 만한 사이트 : https://goo.gl/thl9Bb (미국 : http://goo.gl/PYHm0Y)

지 척도들로 구성되어 있어 현재 경험하고 있는 다양한 주요 문제 (우울, 불안, 정신증)들을 파악하는 데 유용하다.

03
무감동

이유 있는 감정

관계 속에서 만들어지는 진동(서로에게 미치는 영향)과 학교 안에서 벌어진 사건을 처리하다 보면 일종의 '프레임'이 생기는 것을 보게 된다. 이러한 전형적인 구조와 틀은 왜 생기는 것일까? 나는 가장 큰 원인으로 '감정'을 꼽고 싶다. 우리들의 삶은 여러 사건들의 총합으로 이루어진다. 그리고 하나의 사건에는 언제나 많은 사람들의 다양한 감정이 얽히게 마련이다.

일례로 '한 학생이 화장실 가던 도중 빰을 맞았다'는 사건이 벌어졌다고 하자. 이 사건에는 빰을 때린 '반 친구(사람)'가 있다. 빰을 맞으면 어떻게 될까? 순간 당황하면서 이내 빰이 얼얼해지고, 화가 날 것이다. 사건이 벌어지면, 자연스레 그에 수반되는 감정이 뒤따라오는 것이다.

반에 특정한 학생이 교실의 물건을 자주 깨부수고 반 친구들을 힘들게 하고 있다면, 그 학생의 내면을 볼 필요가 있다. 일을 저지르는 학생의 내면에 자리한 감정은 분명 '분노'일 것이다. 그리고 이날의 '분노'를 만들어낸 이전의 사건이 분명히 있을 것이고, 그 사건과 연결된 사람(또는 그 학생에게 감정을 만든 사람)이 있을 것이다. 교사라고 예외는 아니다. 한 교사가 유독 무기력한 모습으로 기계적인 출퇴근을 하고 있다면 '무력감'이 그에게 자리하게 된 사건이 있을 것이고, 그와 관련된 사람이 있을 것이다. 감정은 그냥 만들어지는 것이 아니기 때문이다.

'감정'을 중요하게 생각해야 하는 이유는 이것이 사건으로 만들어진 '결과물'이기 때문이다. 사람과 사람 사이에 사건이 자리하게 되면 그로 인해 감정이 만들어진다. 같은 사건을 겪는데도 유독 나에게 쉽게 찾아오는 감정, 익숙한 감정, 남들과 달리 크기가 좀 더 큰 감정이 만들어지는 것은 그런 결과를 만난 경험이 많기 때문이다. 감정은 한순간에 만들어지는 것이 아니라 오랫동안 몸에 차곡차곡 쌓여 있던 것이다. 그래서 우리는 학교에서 특정 사건을 경험하는 순간, 기억 속의 유사한 상황을 떠올리게 된다. 그리고 즉각 그때의 감정이 함께 올라오게 된다. 현재의 사건에 이전에 있었던 사건의 감정까지 투사해 상황을 바라보게 되는 것이다.

평소에 분노 감정이 많은 사람은 누군가에게 화가 나 있는 경우라 볼 수 있다. 그 화를 풀어낼 방법을 모른 채 화를 내면에 감춰놓고 살다가 화를 촉발시킬 만한 사건을 만나게 되면 예전의 분노가 현재의 사건에서 되살아나 작용하게 된다. 평소에 슬픔이 많은 교사는 남들이 웃고 넘어갈 일에도 예민해져 우울한 상태로 연결되기 쉽다. 가슴 깊이 간직했던 이전의 슬픔이 작동되고 감정이 더해져, 사소한 농담에도 본인은 깊은 슬픔에 빠지는 것이다. 현재 만나는 사건은 현재로 끝나지 않고 후속 사건에도 영향을 미치고, 과거의 사건은 현재에 영향을 미친다. 그리고 감정에 사로잡히는 순간, 우리는 매우 강력한 힘이 내 말과 행동에 영향을 미치고 때로는 눈을 멀게 만드는 경험을 하게 된다. 감정을 알아차리고, 감정이 우리 삶에 영향을 미치는 것에 깊이 관심을 가져야 하는 이유가 바로 여기에 있다.

감정, 생존을 위한 선택

상담과 심리치료의 첫 단계에서는 다양한 접근 방법이 시도된다. 이때 가장 먼저 내담자의 '감정'을 확인하기도 한다. 감정은 이유 없이 만들어지지 않기 때문에 감정이 생겨난 근원을 알게 되면 마음이 편안해질 수 있는 길과 방법이 생긴다. 제아무리 상담 기술과 기법이 좋다 한들, 내담자의 감정을 알지 못하면 아무리 많은 시간 상담을 해도 변화가 찾아오지 않는다. 핵심 문제를 찾아내고 그곳에서 시작된 감정을 만나고 다독이며, 당시의 관계를 점검할 기회를 가져야 한다. 그럴 때에야 비로소 삶을 변화시킬 힘이 생긴다. 감기에 걸린 사람이 병원에 갔다고 치자. 의사가 이런저런 검사를 잔뜩 하고서는 종합비타민을 처방해주었다면 병의 근원에 대한 처방이라고 할 수 없다. 마음의 병도 마찬가지다. 자신의 감정

을 확인하고 주로 어떤 표출을 하는지 알게 되면, 조금씩 변화를 가져올 수 있다.

감정의 흐름을 찾아내는 것은 목적지까지 가기 위한 길을 찾는 것과 같다. 학교에서 집으로 가는 우리 자신의 패턴을 생각해보자. 일부러 길을 빙빙 돌아가거나 알지 못하는 곳으로 둘러 가는 사람은 없을 것이다. 우리는 대부분, 평소에 가던 대로 익숙하고 편하며 빠른 길을 택해 집으로 향한다. 감정도 이것과 마찬가지다. 살면서 어떤 사건을 마주쳤을 때 우리 마음은 평소에 하듯이, 익숙하고 편하며 빠른 방식으로 감정을 느끼고 작동시킨다. 8차선 도로로 시원하게 달리는 것이 좁고 구불거리는 2차선 도로로 가는 것보다 훨씬 낫기 때문이다.

학교에서 만나는 여러 사건에 특정한 감정을 유독 편하게 사용하는 것도 같은 원리다. 그리고 이것은 생존과 관련된 문제이기도 하다. 한 개인에게 과거 죽도록 힘들었던 사건이 있었다면, 그와

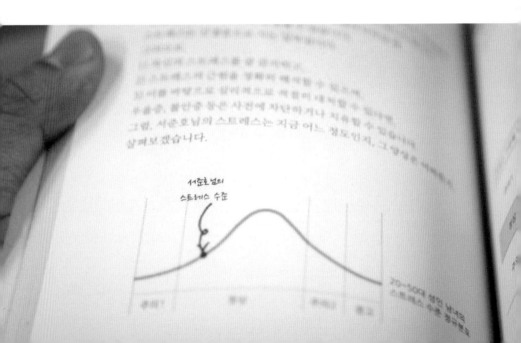

비슷한 상황이 시작되려고 하는 순간 우리의 몸은 생존을 위해 자기 방어를 하게 될 것이다. 이때의 방어기제는 분노 감정을 표출해 상대를 공격하게 되거나, 불안과 두려움이라는 감정을 이용해 그 상황에서 벗어나도록 해줄 것이다. 때로는 감정을 일부러 차단하거나 왜곡하면서 방어와 생존을 위한 메커니즘을 작동시키기도 한다.

특정한 감정을 계속해서 경험하고 정리해야 할 감정을 잘 처리하지 않으면, 사람의 감정은 딱딱하게 굳는다. 세상에 갓 태어난 아이들은 말랑말랑하고 사랑스러우며 천사 같다. 그런데 몇십 년 뒤에 누구는 범죄를 저지르고 누구는 힘든 사람들을 돕는다. 누구는 스스로 목숨을 끊고 누구는 사람을 구하는 일을 하게 된다. 이런 차이는 어디서 오는 것일까? 그동안 이들은 어떤 경험을 했으며 어떤 삶을 살았나? 어떤 감정이 두 집단을 오고 갔을까?

할머니들과 함께 심리 프로그램을 한 적이 있다. 같은 세월을 살아오셨어도 어르신들은 천차만별이셨다. 굵고 멋진 주름이 가득한 얼굴로 미소를 지으며 나(상담사)를 대하는 할머니가 계시는가 하면, 작은 일에도 민감하게 반응하고 매번 신경질을 내면서 프로그램에 참여하는 할머니도 계셨다. 그분들도 어렸을 때에는 맑고 투명하며 천진난만한 아이였을 게 분명하다. 그런데 세월과 함께 나이가 들어가면서 지금의 얼굴과 몸, 그리고 자극에 대한 처리 정도가 달라졌을 것이다. 그리고 초로의 나이가 된 지금, 이전 삶의 궤

적들이 현재의 모습에 '결과물'로 남았을 것이다.

학교를 구성하는 관리자, 교사, 학생 그리고 그들 부모의 얼굴과 몸, 자극에 대한 반응을 생각해보자. 그들 역시 현재의 얼굴과 몸은 삶의 경험과 전에 받았던 여러 자극에 대한 결과물이 아닐까?

언젠가 아이들에게 이와 관련된 과제를 내준 적이 있다. 아파트 입구에서 20분 정도 지나가는 아줌마와 아저씨의 얼굴을 보고 인상을 관찰한 후 발표하도록 시켰다. 무방비 상태의 사람들이 걸어가면서 짓는 표정이 그 사람의 기본 얼굴이 된다. 아이들에게 동네 어른들의 평소 얼굴을 관찰하게 하고 나서, 과연 어느 어른에게 쉽게 다가가서 말을 붙일 수 있는지 물었다. 아이들은 대화를 나누지 않은 상태에서, 어른들의 얼굴 표정만 보고 판단을 해야 했다.

관찰이 끝나고 아이들이 내놓은 이야기는 비슷했다. 아이들은 20분간 관찰한 어른들의 얼굴이 거의 인상을 쓰고 있거나 무서운 표정이어서 말을 걸기 어려웠다고 토로했다.

지금 우리의 삶은 우리의 얼굴과 몸을 어떻게 바꾸고 있을까? 아이들이 말조차 걸지 못할 만큼 무뚝뚝하고 고집스런 표정일까, 아니면 넉넉하고 여유 있는 '어른'다운 모습일까?

자신만의 표정을 갖는다는 것은 자신의 살아온 이력을 담는 일과 같다. 자신의 얼굴에 어떤 이력을 담을지, 각자 신중하게 선택하고 고심해야 할 것이다.

나는 어떤 늑대에게 먹이를 주고 있나?

나바호 인디언들에게는 오래전부터 전해 내려오는 늑대 이야기가 있다.

옛날에 한 인디언 노인이 어린 손자와 함께 모닥불 앞에 앉아 있었다. 노인은 손자에게 두 마리 늑대 이야기를 시작했다.

"애야, 우리 마음속에는 두 마리의 늑대가 싸움을 하고 있단다. 한 마리는 나쁜 늑대인데, 분노와 수치심으로 가득 차 있단다. 또 다른 한 마리는 좋은 늑대인데, 사랑과 겸손함으로 차 있지."

이야기를 듣던 손자가 할아버지에게 물었다.

"할아버지, 어떤 늑대가 이겨요?"

그러자 할아버지는 이렇게 답했다.

"그야 네가 먹이를 더 많이 주는 녀석이 이기지."

만약 이 책을 읽는 당신이 교사, 부모라면 나는 어떤 늑대에게 먹이를 많이 주고 있는지 돌아보자. 내가 원치 않게 분노와 수치심을 먹이로 주지는 않는지, 그래서 내 얼굴과 몸이 아이들이 다가서기 힘든 모습으로 자리 잡고 있지는 않은지 말이다.

50대 중반인 박상철 선생님은 사람들이 가까이 하기에는 조금 힘든 사람이었다. 표정은 늘 굳어 있고, 두 손은 옆구리에 딱 붙인 채 농담이라곤 전혀 하지 않는 경직된 분이었다. 사람들은 박상철 선생님과 함께 있는 걸 몹시 불편해했고, 반 학생들 또한 마찬가지였다. 아이들은 담임 선생님의 경직된 모습에 거리를 두었고, 급기야는 별다른 이유도 없이 선생님을 싫어하는 학생도 생겼다.

하지만 박 선생님은 학생을 위해 최선을 다했다. 학습 준비도 철저히 했을 뿐더러 일부러 텔레비전에서 유행하는 개그맨들의 유행어를 외워 수업 시간에 따라 하기도 했다. 하지만 그의 노력과 달리 아이들은 웃지 않았고, 가까이 다가오지도 않았다. 박상철 선생님은 이런 불편한 관계를 힘들어하다가 상담을 의뢰해오셨다.

자세히 관찰한 박 선생님의 몸은 굳어 있고 움츠러들어 있었다. 양팔을 위로 올리기 힘들 정도로 근육이 뭉쳐서, 어깨와 등 위쪽이 거의 돌덩어리를 만지는 듯했다. 몸이 경직되고 딱딱해질 정도로 과거의 큰 트라우마가 있는 건 아닐까 짐작되었다.

박 선생님께 몇 가지 질문을 던졌다. 박 선생님은 잠시 생각하더니 아주 어린 시절 이야기를 꺼냈다. 선생님이 끄집어낸 어릴 적 기억은 공포스럽고 무서웠던 감정만 뚜렷하게 남아 있었다. 박 선생님이 말을 떼기도 전부터 그의 부모님은 싸움이 잦았다. 늘 큰소리가 나는 와중에 물건이 깨지고 고성이 오갔으며, 어머니와 아버지는 서로 몸싸움도 마다하지 않았다. 어린 박 선생님은 그 상황을 아무런 여과 없이 매번 받아들여야 했다. 큰소리에 몸은 움츠러들고 긴장했으며, 극도의 공포가 전신을 휘감았다. 싸움이 일어날 때면 어린 박 선생님은 구석에서 떨면서 이 상황이 어서 끝나기만을 기다렸다. 잠을 자다가도 갑작스럽게 들리는 괴성에 움찔 잠에서 깨어나 잔뜩 몸을 웅크려야 했다.

어린 박 선생님에게 편하게 쉴 수 있는 공간은 없었고, 부모에게도 안정과 위로를 받지 못했다. 그렇게 자랐던 박 선생님은 잔뜩 웅크린 상태 그대로 성장했다. 화, 슬픔, 공포 등의 감정은 조금씩 박 선생님으로 하여금 마음의 문을 닫게 만들었고, 박 선생님은 점점 무감동인 상태로 자라났다.

아이는 태어나서 처음으로 부모와 사회적인 관계를 맺는다. 처음 시작에서 실패한 박 선생님은 그 다음 관계에서도 계속 실패만 쌓여갔다. 남에게 감정을 허락하면 부정적인 상태가 찾아왔기 때문에, 박 선생님은 생존하기 위해 마음의 문을 굳게 닫아걸고 딱딱하고 기계적인 무감동 상태를 만들어버렸다. 호흡 소리마저 들리지 않을 정도로 아주 가느다랗고 여리게 만들어, 세상에서 겨우 숨을 쉬었다. 맹수 앞에 놓인 초식동물처럼, 그렇게 박 선생님은 유년을 보냈고 어른이 아닌 어른이 되었다. 박 선생님은 감정적으로 정지된 상태(일종의 죽은 상태와 같은)라 할 수 있었다.

"

박상철 선생님이 성장 과정에서 겪은 이 같은 스토리를 다른 이들은 알 도리가 없다. 하물며 학교라는 울타리에서 만난 학부모와 학생, 동료 교사와 관리자는 더더욱 알기 힘들 것이다. 때문에 박 선생님의 고립과 외로움은 점점 더해질 공산이 컸다.

우리는 타인을 평가할 때 현재 보이는 모습을 기준으로 평가하고, 이것이 그 사람의 전부라고 이해하기 쉽다. 바삐 돌아가는 세상에서, 타인의 과거 상처와 경험까지 들여다보고 이해할 여력이 없는 것이다. 학교라는 울타리에서 이해관계가 얽혀 있는 구성원들은 좀 더 복잡하고 미묘한 사회관계망을 가지고 있다. 여느 조직과 달리 학교는 구성원의 층위와 이해관계가 다양하므로 한번 오해가 불거지면 대화와 소통으로 이어지기가 매우 어려운 것이다.

박 선생님의 경우도 마찬가지여서, 학부모가 학급 운영에 불만이 있을 때 대화를 해서 해결하려 하기보다는 교육청에 민원을 넣는 것으로 표출하곤 했다. 이 사건에서 파생된 감정이 현재의 박 선생님에게 영향을 주었고, 이는 다시 학생들을 대하는 박 선생님의 행동과 태도에 영향을 주게 되었다.

그렇다면 이 모든 상황을 박 선생님이 만들어낸 것일까? 학교에 앉아 있는 학생 가운데 박 선생님과 유사한 모습으로 앉아 있는 학생은 없을까? 우리는 눈에 보이는 것만으로 상대방을 이상하다고 단정하고 있지는 않은가? 최선을 다해 자녀를 양육하고 있다고 하지만, 이는 오로지 내가 세운 나만의 규칙이고 방식은 아닌가? 이런 질문은 박 선생님을 포함한 우리 모두에게 해당하는 것이 아닌지 자문할 필요가 있다.

감정의 물꼬를 트는 방법

미국의 뇌과학자 폴 매클린(Paul Maclean)은 인간의 뇌는 파충류의 뇌(뇌간), 포유류의 뇌(변연계), 인간의 뇌(신피질)로 구성되어 있다고 주장했다. 파충류의 뇌는 본능, 방어, 습관적인 행위와 관련되어 있으며, 포유류의 뇌인 '변연계'는 감정과 연결되어 정보를 받아들이고 처리해서 다른 두 개의 뇌와 소통하는 역할을 한다. 그리고 신피질은 생각하는 뇌로, 인지와 기억을 담당하고 있다고 한다. 매클린은 인간의 뇌가 이러한 3층 구조로 이루어져 있으며, 이를 뇌의 삼위일체론이라 불렀다.

매클린의 뇌 구조론에 따르면, 감정은 변연계와 연결되어 있다. 변연계는 생존과 관련해서 즉각적으로 반사하고 순간적으로 반응하게 한다. 만약 생존을 위협받는 사건과 감정적인 상태를 만나게 되면, 이를 벗어나기 위한 행동을 즉각 지시하게 하는 것도 변연계의 역할이다.

그런데 박상철 선생님의 경우처럼 고통스럽고 힘든 상황을 자주 만나게 되면 생존을 위해 신피질에서 변연계로 이어지는 문을 닫아버린다. 감정을 더 이상 만나지 못하도록 하는 것과 같다. 고통스러운 감정뿐만 아니라 긍정적인 감정까지도 모두 막혀버리는 것이다. 그러다 보니 박 선생님과 같은 '무감동' '무감정' 상태가 만들어지게 된다. 문을 닫지 않으면 과거의 기억이 올라와 다시 그때와 유사한 감정 상태가 되고 고통스럽기 때문이다.

실제로 박상철 선생님은 반 아이들의 미묘한 변화와 감정의 흐름을 제대로 알아차리지 못했다. 박 선생님 나름대로 노력을 안 한 것은 아니나, 그 노력에 감정이 담기지 않았기에 선생님의 의도와 달리 아이들에게는 전달되는 것이 전혀 없었다.

관리자가 '무감동'의 자세로 아이들을 대한다면 어떻게 될까? 안타깝게도, 오늘날 학교에서는 무감동 상태의 교사를 많이 만날 수 있다. 감정이 자연스럽게 흘러가지 못하는 명령이 일방적으로 하달되고, 무감동 상태의 관리자가 폐쇄적이고 권위적인 시스템을 작동해 무감동 교사를 배출하고 있다.

하지만 조금만 눈을 돌려보면, 같은 시스템 안에서도 여전히 무감동으로 생활할지 아니면 즐거움과 기쁨을 찾으며 생활할지를 스스로 선택할 수 있다. 부모가 무감동으로 삶을 받아들이면 자녀의 욕구를 이해하지 못하고 피드백도 주지 못한다. 부모가 먼저 웃을 때 자녀도 웃을 수 있음을 명심하자. 갓난아기는 부모의 굳은 얼굴을 보고 주변에 위험이 있다고 생각한다. 부모가 웃으며 자신을 바라볼 때 세상이 안전하고 따뜻한 곳임을 알 수 있듯이, 어른이 긍정적인 눈으로 세상을 바라보아야 아이들도 세상을 살 만한 곳으로 느낄 수 있음을 무엇보다 명심하자.

변연계를 이해하기 위해서는 동물 이야기를 할 필요가 있다. 텔레비전 프로그램에서 방영하는 동물 관련 다큐멘터리를 보면 동물에게는 한 가지 공통점이 있음을 발견하게 된다. 바로 자신보다 상위 포식자가 나타났을 때 동물이 보이는 행동 양태인데, 대개의 초

초식동물은 먹이를 먹다가도 자신을 노리는 포식자가 나타나면 그 순간 정지한다. 자신의 존재를 들키지 않기 위해 자동적인 반응이 나오는 것이다. 그러다가 포식자가 조금 더 가까이 다가오는 것을 알아차리면 비로소 도망을 친다. 도망 또한 생존을 위한 본능적인 행동이다. 포식자에게 쫓기던 초식동물도 막다른 곳에 다다르면 몸을 돌려 투쟁하기도 한다. 때로는 이런 투쟁으로 생명의 위협에서 벗어나는 초식동물도 있다.

초식동물의 본능적인 반응은 생존과 직결된 문제다. 사람도 초식동물과 그다지 다르지 않다. 수백 만 년 넘게 생존을 위해 인류의 몸에 축적된, 생존과 관련된 자동적인 반응이 사람의 세포에도 각인되어 있는 것이다. 이 반응은 사람마다 각기 다양하게 나타난다. 커다란 소리가 들리면 동작을 멈추고 주변을 조심스럽게 살피거나 귀를 기울이는 것, 부모가 싸울 때 아이가 방 한쪽 구석으로 가서 몸을 웅크리고 반응을 살피는 것 등은 동물의 정지 행태와 관련된 반응이다. 싫어하는 선생님과 멀리 떨어져 앉으려 하거나 부모의 싸움이 싫어 가출하려는 것은 도망과 관련된 반응이며, 분쟁이 있을 때 상대방의 멱살을 잡거나 눈을 부라리면서 상대를 제압하려 하거나 자신에게 부당한 체벌을 가하는 교사에게 '싫어요.'라고 소리를 지르는 것은 투쟁 반응과 연결된 것이다. 동물이든 인간이든 감정과 행동은 뇌와 연결되어 있으며, 이는 곧 '생존'과 연결되어 있음을 기억하자.

박상철 선생님은 상담과 심리치료를 통해 과거의 양육 패턴을 확인했다. 그리고 자신이 관계 속에서 어떤 양상을 보이는지를 스스로 확인할 수 있었다. 이처럼 자기 자신에 대해 알게 되면 변화를 만들어갈 수 있다. 박 선생님은 막혀버린 감정의 문을 열 수 있도록 정서 상담부터 시작했다. 어린 시절의 감정을 다독이고 눈물샘이 터져 나올 정도로 부정적인 감정을 토해내는 과정을 거치고,

무용동작치료 작업으로 굳은 몸을 푸는 단계를 거쳤다. 이후 생각을 변화시키는 인지 상담 시간을 가졌다.

50년 넘게 몸에 배어 있던 습관과 행동 양식, 마음가짐 등을 한꺼번에 사라지게 할 수는 없었다. 그러나 박 선생님은 일이 년 동안 많은 노력을 했고, 조금씩 변화하는 자신을 만나게 되었다. 굳었던 몸이 부드러워지고, 다시 눈물과 웃음의 감정을 느낄 수 있었다. 박 선생님의 변화는 아이들에게 어떤 변화를 만들어냈을까? 박 선생님은 딱딱하고 제압적인 눈빛을 거두고 아이들의 이야기에 귀를 기울일 줄 아는 교사가 되었고, 무엇보다 아이들도 과거의 자신처럼 '마땅한 이유'가 있다는 생각을 하게 되어 마음이 한결 느긋해졌다.

박 선생님은 자신의 몸과 무감동에 대한 흐름을 동료 교사, 반 아이들과 함께 이야기하고 경험을 나누면서 자기 자신과 타인에 대한 이해의 시간을 나누었다. 박 선생님의 이러한 변화는 그의 아내와 자녀에게도 굉장히 큰 변화로 다가갔다. 박 선생님 자신도 자녀를 바라보는 눈이 훨씬 부드러워졌고, 자녀의 행동을 조금 더 잘 이해하게 되었다. 박 선생님이 타인과 관계를 맺으면서 보였던 정지, 도망, 투쟁 따위의 모습 또한 조금씩 줄어들었다.

감정은 우리에게 도움을 준다. 사람과 관계를 맺도록 도와주며, 마음 끌림을 이끌어내 새로운 것을 배우게 하고, 열망하게 한다. 두려움은 조심성을 유발해 위험 요소를 확인하도록 시키고, 수치심은 잘못을 일깨워 자신의 행동을 변화하도록 이끈다. 흥미로움은 새로운 것을 탐색하게 만들고, 기쁨과 사랑은 좌절에서 다시 일어날 수 있는 힘이 된다.

학교는 다양한 관계 속에서 끊임없이 사건이 만들어지는 곳이다. 그리고 각각의 사건에는 여러 감정적 상태가 개입할 수밖에 없다. 그러니 과거의 어떤 경험이 현재의 핵심 감정을 만들어냈는지, 그 감정이 어떤 행동과 말을 만들어내서 어떤 결과를 초래했는지 다양한 관점에서 들여다볼 필요가 있다. 감정의 흐름은 곧 변화의 과정을 대변하므로, 우리 감정의 흐름을 잘 살펴보는 일이야말로 변화를 맞이하기 위한 첫걸음이 될 수 있을 것이다.

'직면'할 때 치유는 시작된다

상담과 심리치료 현장에서는 주로 아홉 가지 감정을 다룬다. 사람은 흥미 – 놀라움 – 기쁨 – 두려움 – 분노 – 슬픔 – 수치심 – 불쾌 – 혐오감의 순서로 감정을 억압하고 차단한다. 대개 공포와 불안감이 높을수록 뒤쪽의 감정을 사용하게 된다. 두려움은 불안감과 관련이 있으며, 슬픔은 외로움과 우울, 무기력으로 이어지게 된다. 수치심은 의존증으로 이어져 중독으로 연결된다. 특히 우울은 과거와 연결되어 있으며, 불안은 미래와 관련되어 있다.

여기서는 이 감정과 관련된 이야기를 할 예정이다. 특히 학교 현장에서 마주친 사람들을 예로 많이 다룰 것이다. 그리고 이 이야기

는 우리 모두와 연결될 것이라 생각한다. 타인의 경험이 곧 자기 자신의 스토리, 자기 내면에 자리 잡은 이야기가 되는 경험을 할 수도 있기 때문이다. 한 사람을 이해하면 그를 바라보는 눈이 달라지지만, 그에 앞서 자기 자신을 이해하는 크기가 달라지는 경험을 여러분과 함께 나누고 싶다.

  학교에서 마주치는 학생, 학부모, 교사, 관리자의 감정을 살펴보는 것은 모빌과 같은 학교 구조에서 진동의 흐름을 알게 되는 것과 같다. 그리고 감정이 어떤 결과를 만들어내는지 알 수 있는 길이기도 하다. 심리치료에서는 내담자의 사례 개념이라는 용어가 등장

한다. 내담자가 삶의 문제를 이야기하면 치료사는 문제의 근원이 어디에서 생겨난 것인지 가설을 세우고 원인을 찾아 들어간다. 의외로 각자 다른 삶을 살고 있지만 문제를 대하는 태도, 특정 사건으로 만들어지는 반응, 대처 방법들이 유사하다는 뜻이기도 하다. 비슷한 사례를 아는 것만으로도 나와 학교 안에 자리한 불편한 감정을 어떻게 처리해야 하는지 알 수 있다. 또한 흐름과 근원을 알면 서로를 무작정 미워하고 처벌하기 위해 '공격'과 '투쟁'을 하지 않아도 된다. 그보다는 상대를 격려하고 지지하고 성장할 수 있도록 함께 손을 내밀어줄 수도 있다.

슬픈 영화를 보고 나서 극장 문을 나설 때, 우리는 흔히 영화 속 주인공의 감정이 나에게 자리한 순간을 마주치게 된다. 코미디 영화를 보고 한바탕 웃고 나올 때도 있지만, 성장 영화를 보고 나서는 두근거리는 유년의 기억으로 극장을 나서고, 영화가 그려낸 이야기를 책으로 읽고 간접 경험을 해보기도 한다.

고작 두 시간 남짓한 영화도 나의 삶에 일정한 영향을 미치는데, 몇 년간 실제로 겪은 경험과 사건은 얼마나 큰 작용을 하고 있을까? 뒤에서 이야기하겠지만, 사람의 여러 감정을 만들어내는 사건 또한 (영화에서나 나오는) 특별한 사건일 수 있고, 때로는 자기 자신의 이야기일 수도 있다.

반드시 기억해야 할 것은 '직면'에서 치유가 시작된다는 사실이다. 어떤 스토리가 내 감정을 자극하는지, 그리고 내 삶과 유사한지를 기억하자. 그들이 감정에 압도된 상태에서 벗어난 것처럼 여

러분도 벗어나기를 바란다. 교사와 부모인 내가 흔들리면 내 학생
이 그리고 내 자녀가 함께 흔들린다. 여러분이 압도된 감정에서 벗
어나야 하는 명백한 이유가 바로 여기에 있다.

04
분노

지금 이 순간, 분노하는 사람들

사전적인 정의로 '화'는 못마땅하거나 언짢아서 생기는 노엽고 답답한 감정을 말한다. '분노'는 분개하여 몹시 성을 내는 행위로 규정된다. 화가 속에서 올라온 감정 자체라고 한다면 분노는 일종의 행위에 초점을 맞춘 것이라 할 수 있다.

대개 화가 났을 때는 이를 잘 다스리는 게 가장 바람직하다. 그러나 대부분의 사람들은 풍선에 바람을 넣듯 화를 조금씩 키운 뒤에, 나중에 풍선이 터지듯 화가 터져 나와 누군가에게 상처를 주는 '분노' 상태로 치닫기 십상이다. 때로는 그 분노를 남에게 보내면서 타인을 파괴하기도 하고(Acting Out), 분노를 내 안으로 돌려 나를 파괴하기도 한다(Acting In).

학교에 자리 잡은 관계와 그 안에서 불거진 사건은 복잡 미묘하게 얽혀 있기 마련이어서, 숨겨 놓았던 화를 폭발시킬 때가 많다. 하지만 이때 화를 내는 것에서 끝나지 않고 감정이 분노로 확산되면 누군가에게 상처를 주고 공격을 퍼붓거나 자기 자신에게 상처를 주고 슬픔과 무력감이라는 2차 감정 상태를 유발하기도 한다.

관리자는 교사들이 자신의 말에 따르지 않거나 뒷담화를 하는 것을 알게 되었을 때, 학교에 원치 않은 사건이 터졌을 때 분노하기 쉽다. 교사는 학생들이 반항을 할 때, 수업 이외의 행정 업무가 폭주할 때, 동료 교사와 갈등이 불거졌을 때 분노하기 쉽다. 학생은 또 어떤가? 담임 선생님이 너무 엄하게 규칙을 적용하거나 최소한의 자유마저 억누르려고 할 때, 친구가 폭력적인 행동으로 자신을 제압하려 할 때 분노가 치솟을 것이다. 학부모의 분노는 자녀와 관련된 것에 치중된다. 자녀가 학교에서 따돌림을 당하거나 교사에게 부당하게 대우받고 있다고 느낄 때, 지속적으로 문제를 제기했는데도 고쳐지지 않으면 화를 넘어서 분노로 발전되기 쉽다.

사회적으로 어느 자리에 있든 욱하고 올라오는 화가 넘쳐 무언가를 부수고 싶고 소리를 지르고 싶고 무력을 사용하고 싶은 지경이 된다면, 그때야말로 멈추어 서서 숨을 고를 때임을 알아야 한다. 이 같은 지경 안에 감추어진 속내는 '내가 원하는 대로 되면 좋겠어요.'라고 할 수 있다. 그리고 이런 상태는 곧 생존과 관련하여 과거의 경험이 현재의 사건에 영향을 미치는 상태라 할 수 있다. 지금 이 순간, 분노해야만 자신이 현재를 살아갈 수 있다는 의미가 감추어져 있는 것이다.

사람들은 대부분 자신이 원하는 대로 삶이 굴러가기를 바라지만 우리가 사는 세상은 그리 호락호락하지 않다. 그러다 보니 화가 지속적으로 쌓이게 된다. 우리의 삶은 우리가 통제할 수 없고 미래는 예측할 수 없다. 사람은 저마다 생각이 다르고 삶의 자세도 다르다. 따라서 상대가 내 마음처럼 되지 않는 것은 당연하다. 그런데 어째서 화가 나는 것일까? 한 사건을 바라보는 각자의 시선에 따라 만들어지는 화의 크기는 어째서 다를까?

학교라는 현장은 화가 많은 곳이다. 화로 가득 찬 교사도 많고 화 자체를 폭력으로 표출하는 학생도 많다. 화가 슬픔으로 발전되어 깊은 절망에 빠지는 이들도 매우 많은 게 사실이다. 관리자, 교사,

학생, 학부모가 저마다 가지고 있는 분노를 학교라는 장소에서 충돌시키는 것을 목격할 때면 이해와 협력이 성장의 밑거름이 되어야 할 학교라는 장소에 대해 다시금 진지하고 깊게 고민하게 된다.

분노할 수 있을 때 분노한다

항상 좋은 교사가 꿈이었던 이승훈 선생님. 그는 이제 2년 차 남고 교사다. 태권도 유단자라는 이유로 학교에서는 중학교 때 이미 문제 아이로 소문이 난 아이들의 일부를 이승훈 선생님 반에 배정했다. 이승훈 선생님은 강한 카리스마와 엄격한 규칙으로 반을 운영하고자 마음먹었다. 하지만 새 학년이 되고 사흘째 되던 날, 한 학생을 몽둥이로 구타하고 말았다. 이 선생님은 자신의 의도와 달리 학생을 체벌한 정도가 너무 커서 죄책감을 느꼈고, 이에 교사 치유 프로그램의 문을 두드렸다.

이승훈 선생님은 좋은 교사가 되고 싶은 마음과 달리 가끔 튀어나오는 폭력성 때문에 자기 안에 악마가 있는 건 아닐까 고민하고 있었다. 이번 사건도 지각했던 학생에게 꾸중하던 과정에서 학생이 '씨발'이라는 욕설을 하자 순간적인 화를 참지 못하고 구타를 한 것이었다.

평소 이 선생님은 학생들과 사이가 좋다가도 갑자기 화를 폭발시키는 경우가 자주 있었다고 했다. 불편한 상황이 되면 다른 감정보다 화가 먼저 폭발하는 양상이 생긴 것이다. 그는 어떻게 해서 여러 감정 가운데 유독 화와 친하게 되었고, 욱하는 일이 생기게 되었을까? 그와 함께한 심리극 과정에서 많은 정보를 얻을 수 있었다.

이승훈 선생님은 학생뿐만 아니라 학교의 관리자와 친아버지를 대상으로 화가 자주 올라오는 편이었다. 화가 나는 경우는 대개 자신에게 원치 않은 일이 생겼을 때이거나 권위 있는 사람이 일방적으로 지시를 내릴 때였다. 그리고 학교에서는 관리자 때문에 화가 난 상황을 학생에게 전달하는 경우가 가장 많았다. 삶에서는 전반적으로 아버지에 대한 화가 가장 크게 자리 잡고 있었다.

이승훈 선생님의 가족 내 흐름을 살펴보면, 아버지와의 관계가 순탄치 않았음을 알 수 있었다. 이 선생님의 아버지는 친구에게 사기를 당해서 재산을 잃고 무기력 상태에 빠졌다. 더 이상 일을 하지 않았고, 술과 노름에 빠졌다. 이 선생님의 어머니는 자식을 키우기 위해 닥치는 대로 일을 했다. 그러나 잦은 외박과 술에 찌들었던 아버지는 가끔씩 집에 들어올 때면 어머니를 때렸고 어머니가 고생해서 번 돈을 빼앗아 갔다. 이 선생님은 어렸을 때부터 그 모습을 보고 자랐다. 처음에는 아버지의 고함 소리가 싫었고 폭력을 휘두르는 상황이 무서웠다. 그러다 자라면서 이런 일이 되풀이되자 그는 아버지를 부정하고 싶었다. 아버지에게 그만 하시라고, 이제 좀 그만두라고 말하고 싶었지만 용기가 없었다. 매 맞는 어머니를 보면서도, 어머니를 구할 수 없는 상황에 화가 났다. 아버지가 변하길 바랐지만 기대는 매번 실망으로 이어졌다. 지긋지긋한 가난과 폭력적인 가정, 다른 친구들처럼 살지 못하는 것이 화가 났다. 조금씩 가슴속에 화가 자리 잡았지만 화를 만들어준 아버지에게는 어떠한 반항도 할 수 없었다. 반항을 하면 돌아오는 것은 매질뿐이었다. 아버지는 자식 교육을 제대로 못 시켰다며 이 선생님의 어머니를 대신 두들겨 팬 적도 많았다.

이 선생님은 아버지에게 화를 표출하지 못하고 안에 감추어두었다. 바뀌지 않는 가정과 현실에 화가 치밀었지만, 답답할 때면 문을 주먹으로 치거나 책을 바닥에 던지는 것으로 대신했다. 어느새 삶의 목표가 아버지처럼 살지 않는 것이 되었다. 그러기 위해서는 안정된 직장이 필요했다. 그런 연유로 그는 교사가 되었다.

그러나 교사가 된 지금도, 여전히 이 선생님의 아버지는 술을 마실 때면 집에 들어와 어머니를 때리는 일을 그만두지 않았다. 가정 폭력의 상태는 사라지지 않았다. 이 선생님은 어렸을 때부터 화가 쌓였지만 제대로 풀지 못했고, 화의 원인이 되었던 방향으로 자신의 화를 돌려보내지도 못했다. 방향을 찾지 못한 마음속의 '화'는 엉뚱한 곳으로 튀었다. 학생이 반항을 하거나 관리자에게서 쓴소리를 듣는 날이면 내면에 쌓여 있던 화에 그날의 사건이 더해져 과격한 행동으로 나타났다. 학교에서 이승훈 선생님이 만들어낸 가혹한 처벌은 그의 가정에서 아주 오래전부터 만들어진 증상이었고, 결과였던 것이다.

"

위의 사례에서 본 것처럼, '분노'는 스스로 갑자기 만들어지지 않는다. 계기가 되는 원인들이 조금씩 쌓여 현재의 화를 촉발하는 것이다. 화는 일종의 에너지와 같기 때문에 일정한 높이로 쌓이게 되면 외부로 분출하기 마련이다. 따라서 화가 담긴 내 마음의 그릇을 적절한 방법으로 그때그때 비워내는 일이 필요하다. 그릇을 비워두어야, 다시 채워질 때 밖으로 넘치지 않는 것이다. 그런데 비워내는 일 없이 계속 쌓아놓다 보면, 조금씩 넘치는 화가 분노로 발전해 주변에 영향을 미치게 된다. 이 분노를 어떻게 없애야 하는지는 각자가 평생 해결해야 할 큰 숙제다.

이승훈 선생님의 경우에는 심리극을 통해 자신의 분노가 어디에서 왔는지를 확인할 수 있었다. 그리고 자신의 가슴속 깊이 항상 자리 잡고 있었던 폭력 가정의 기억이 재연된 상황에서, 아버지에게 평생 하고 싶었던 말을 토해낼 수 있었다. "하지 마세요!"라는 말을 강력히 입 밖에 냄으로써, 커다란 북을 두드리며 가슴 깊숙한 곳까지 자리 잡았던 분노를 때려내면서, 이승훈 선생님은 자기 내면에 담아두었던 분노를 조금은 해소할 수 있었다. 더불어 과거 어린 자신의 모습을 구해주고 안아주면서 감정적으로 성장을 멈추었던 그의 '내면 아이'를 다독일 기회를 얻었다.

심리극을 하면서 또 하나 확인한 것은 이 선생님의 아버지가 지니고 살았던 분노였다. 그의 아버지는 자신에게 사기를 친 친구에 대한 분노와 더불어, 두 집 살림을 차리면서도 평생 권위적이었던 부친에 대한 분노를 함께 지니고 있었다. 즉 이 선생님의 가정은 분노가 대를 이어가는 가계였던 것이다. 분노는 늘 가장 가까이에 있는 가족들에게 향하는 경우가 많다.

분노에 사로잡힌 사람들을 만나면서 느끼는 점은 자신을 힘들게 했던 사람과 달리 본인 자신은 언제나 좋은 사람이 되려고 노력한다는 사실이다. 그들은 분노를 표현하면 잘못된 것이라 생각하고는 안으로 이를 감추어버린다. 화가 나는 상황에서 화를 내면 분노를 자신에게 전달한 사람(이 선생님의 경우에는 자기 아버지)처럼 된다고 생각해서 자신을 위장하는 작은 가면을 쓰는 것이다. 하지만 제대로 흘려보내지 않은 분노는 언젠가는 공기가 가득 찬 풍선처럼 터지게 되어 있고, 원래 분노를 받았던 방향이 아닌 다른 곳으로 향하게 되어 있다. 분노의 근원을 알아차리는 것은 그곳에서 탈출할 수 있는 작은 한 걸음을 내딛는 것과 같다. 터지기 일보 직전의 풍선 주둥이를 살짝 열면 "피~" 하는 소리와 함께 풍선이 작아지고 말랑말랑해진다. 압력으로 꽉 차 칙칙거리는 압력솥에 차가운 물 한 그릇을 부으면 바로 뚜껑을 열 수 있을 정도로 압력이 사라지는 것처럼, 이런 심리극은 내면에 가득 찬 분노를 식게 만드는 방편이자 분노의 흐름을 이해하는 방편이다.

분노는 분노를 낳는다

이승훈 선생님의 경우에는 심리극을 하면서 아버지 → 이승훈 선생님 본인 → 학생(자녀)의 경로로 분노가 전달됨을 알 수 있었다. 그래서 아버지에게 받은 분노를 다시 돌려주는 일종의 '의식'적인 활동이 심리극에서 추가로 진행되었다.

아버지와 어머니의 역할을 맡은 사람을 한쪽에 세워놓고, 이승훈 선생님을 가운데에 서게 했다. 그리고 다른 쪽에는 학생을 대표하는 한 사람을 세웠다. 의자를 가지고 와 이 선생님에게 들고 있도록 했다. 그리고 아버지를 향해 이렇게 이야기하도록 했다.

"아버지를 바라봅니다. 그리고 아버지의 눈을 바라보며 이렇게 이야기합니다. 아버지, 제가 대신 짊어지고 살았습니다."

그 순간 이 선생님의 눈에서 눈물이 툭 터져 나왔다. 이 선생님은 천천히 힘을 주어 말을 따라 했다.

"아버지, 제가 대신 짊어지고 살았습니다."

이 선생님이 들고 있던 의자는 '분노'를 상징하는 것이었고, 의자의 무게감은 분노를 현실과 연결시키는 것이었다.

"아버지, 이게 제 것이라고 생각했어요. 아버지를 사랑했기 때문에 그랬습니다. 하지만, 이건 너무나 무겁습니다. 아버지, 도와주세요."

이 선생님은 두 손을 바들바들 떨면서 무거운 의자를 앞으로 내민 채 간절함을 담은 눈으로 아버지를 바라보며 한 문장씩 또박또박 따라 말했다.

"이건 네 것이 아니라 내 것이구나. 이제 아버지에게 돌려주렴."

아버지 역할을 맡은 사람이 이렇게 말하자, 이 선생님의 손은 여전히 바들바들 떨린 채 눈에서는 눈물이 흘러내렸다.

"이승훈 선생님, 이 짐을 이제 아버지에게 돌려드릴 수 있겠어요?"

그러자 이 선생님은 고개를 끄덕였다. 이윽고 아버지에게 받은 분노가 학생에게 전달되는 상황을 문구에 써서 이 선생님으로 하여금 따라 하도록 했다.

"아버지, 이건 너무나 무겁습니다. 그래서 지금까지 제 반 아이들을 볼 수 없었어요. 이제 아버지에게 속한 것을 돌려드릴게요."

이 선생님은 천천히 손을 내밀어 자신의 팔을 부들부들 떨게 만들었던 무거운 의자를 건넸고, 아버지는 의자를 받았다. 그 순간 이 선생님은 긴 숨을 들이마셨다.

나는 이 선생님에게 자신도 모르게 아버지로부터 받았던 '분노'

의 짐을 내려놓은 그 느낌을 기억하라고 당부했다. 그리고 이어 "아버지의 운명에 동의합니다. 그리고 이제는 짐을 내려놓고 제 삶을 살아가겠습니다."라고 말하도록 했다.

이 선생님은 이 짧은 의식적인 행위만으로도 가슴속 무거운 돌덩이 하나가 사라진 듯 머리와 몸이 가벼워졌다고 했다. 이윽고 이 선생님으로 하여금 뒤를 돌아 반 아이를 바라보게 했다.

"뒤를 돌아 내가 화를 냈던 학생을 바라봅니다. 체벌했던 현수, 그리고 내 분노를 함께 들이마셔야 했던 반 아이들까지 다 담아 앞에 있는 학생을 바라봅니다. 그리고 이렇게 이야기합니다. 그동안 너를 자세히 보지 못해 미안하다."

그리고 계속해서 말을 이었다.

"그동안 선생님도 모르게 분노를 전달해서 미안하구나. 이제 선생님의 어깨가 좀 더 편안해졌어. 가벼워진 어깨로 이제는 너희를 안아줄 거야."

이 말을 마친 이 선생님은 미소를 지었고, 다시 긴 호흡을 했다. 훨씬 편안해진 얼굴이었다.

사실, 이 에피소드는 이 선생님만의 것이 아니다. 학교에는 이와 비슷한 에피소드가 비일비재하다. 학생은 물론이고 교사 역시 예외는 아니다. 학교에 근무하다 보면 화로 가득 차 있는 선생님들이 의외로 많이 있음을 알게 된다. 그들은 자신 안에 있는 분노를 엉뚱한 학생에게 표출하곤 한다. 때로는 인내심 부족으로, 때로는 얼른 학교 일을 마치고 싶다는 욕심에서, 학생에게 답답함을 느끼고 화를 내며 닦달을 하는 것이다. 그리고 상황을 난처하게 만드는 학생에게는 여지없이 체벌을 가하거나 윽박지르고 고함을 치는 등 교사 자신이 과거에 경험했던 방법 중 하나를 골라 행한다. 자신이 굴복했던 것처럼 그들도 역시 굴복하기를 바라는 것이다.

학생이 지각했을 때 그의 마음을 한번 물어봤다면 그리고 그가 지각하지 않기 위해 얼마나 마음을 졸였을지 이해했다면 대놓고 꾸중만 할 수는 없으리라. 그리고 반 아이들에게 강압적인 규칙과 굴종하는 교실 분위기를 만들기 위해 아이들을 다그치지 않았다면 학생들 또한 심하게 반항하거나 비뚤게 행동하지는 않았을 것이다. 내 마음을 알아주고 다독이는 교사에게 학생이 밑도 끝도 없이 반항으로 일관하는 일은 없으니 말이다.

부모도 마찬가지다. 가정에서 나는 누구에게 내 분노를 전달하고 있는지 살펴보자. 내 마음에 여유가 자리하지 않는 원인이 무엇인지, 여기에는 어떤 사건이 자리 잡고 있는지 살펴볼 필요가 있다. 자주 화가 나고 또 화를 참을 수 없는 것은 이전에 내가 익숙하게 경험할 수밖에 없었던 분노의 감정과 이를 만들어낸 상황이 있었기 때문이다. 그리고 내가 전달한 분노를 감당한 아이는 이를 부모나 교사인 나에게 돌리지 못하고, 또래 아이들이나 약한 친구에게 돌리게 되어 있음을 반드시 명심하자. 분노는 분노를 낳고 분노를 먹고 자란 아이들은 분노를 토해내게 되어 있다.

아픈 마음 알아주기

6학년 재근이는 폭력성이 강한 아이다. 아주 사소한 것이라도 자존심을 건드리면 용납하지 못하고 주먹부터 날리는 경우가 많았다. 자기 마음에 들지 않으면 거친 말을 내뱉기 일쑤고, 선생님께 꾸중이라도 듣는 날에는 내가 나가 죽으면 되겠냐면서 거칠게 반항하는 터라, 학교에서는 어떻게도 손을 쓸 수 없는 학생이었다.

어느 날 재근이는 UFC(이종격투기) 경기를 흉내 낸다며 반 아이들을 교실 뒤쪽에서 마구 때리고 팔을 꺾어댔다. 재근이가 하는 행동이 장난 수준을 넘게 되자, 정말 재근이와 싸움을 하게 되는 아이들이 생겨났다. 재근이는 이런 상황을 즐기는 듯 거친 게임을 계속하다가, 이내 눈을 부릅뜨고는 청소함에서 부러진 밀걸레 봉을 잡아들었다. 마침 이런 상황에서 담임이 교실에 들어왔고, 재근이는 학교 폭력과 관련된 처벌을 받아야 했다.

나는 재근이 담임 선생님의 의뢰로 재근이와 대화를 나눌 수 있었다. 재근이의 담임 선생님은 문제 있는 학생의 뒤에는 어김없이 여러 감정적인 상황이 자리 잡고 있을 터이니, 처벌과 꾸중을 하기 전에 재근이에 대해 좀 더 면밀히 파악해달라고 부탁하셨다.

상담실에 들어왔을 때 재근이는 몸을 옆으로 틀고 삐딱하게 앉아 나와의 대화를 거부하고 싶다는 온갖 신호를 몸으로 보이고 있었다. 몸은 우리에게 많은 정보를 준다. 내가 비록 명탐정이나 행동심리학 전문가는 아니지만, 사람의 몸이나 자세를 보면 그 사람이 평소 어떤 감정을 사용하는지 간단한 힌트를 얻을 수 있다.

날마다 체육관에 가서 덤벨을 들고 이두근 운동을 했다면, 어느 정도 시간이 지나면 탄력 있고 볼록한 이두근육을 얻을 수 있다. 감정 또한 근육 운동과 다르지 않다. 아래의 사진을 보자.

웃을 때의 얼굴과 찡그리는 얼굴에 사용되는 근육이 다르다. 오늘도 웃고 내일도 웃고, 매일 웃음과 관련된 사건을 만나고 좋은 감정을 갖게 되면 웃는 얼굴 근육을 사용하게 된다. 하지만 화가 나면 얼굴이 찡그려지고, 이에 따라 사용되는 근육도 달라진다. 미간은 찌푸려지고 눈은 치켜뜬 채 입술을 앙다물게 된다. 오늘도 화를 내고 내일도 화를 내고, 매일 분노와 관련된 감정을 느끼며 화를 경험하면 얼굴이 어떻게 변할까? 자꾸 사용하는 감정이 나의 익숙한 감정이 되듯이, 얼굴 표정도 자주 짓는 쪽으로 굳어지는 것이 당연하다.

에이브러햄 링컨 대통령은 사람 나이 마흔이 되면 자기 얼굴에 책임을 져야 한다고 했다. 몸도 마찬가지다. 우울하고 슬프면 몸이 늘어지고 움츠러들며 행동이 느려진다. 화가 나면 두 손을 꽉 쥐고 이를 꽉 깨물어 잔뜩 인상을 구긴 채 몸이 경직되기 마련이다. 얼굴도 몸도, 마음에 따라 변하고 생김새가 달라진다.

재근이는 눈을 치켜뜨고 아래위로 힐끔거리면서 아랫입술 한쪽을 자꾸 깨물었다. 재근이의 입에서는 연신 "아이씨~"와 같은 말이 새어나왔고 자주 한숨을 내쉬고 있었다. 몸은 정면을 향하는 법이 없었고, 고개를 한쪽으로 기울이며 대화 상대자로부터 목을 반쯤 돌리고 있었다. 재근이는 말 그대로 '싫어요!'라는 메시지를 온몸으로 발산하고 있었다.

나는 재근이에게 평소에도 불편한 감정이 차곡차곡 쌓여 있었다는 생각이 들어 조심스레 질문을 던졌다.

"재근아, 평소에도 화가 좀 많은 편이니?"

그렇게 시작된 대화에서, 재근이에게 가족에게서 받은 '화'가 느껴졌다. 그래서 '가족 세우기'에서 사용하는 레고 형태의 가족 인형 도구를 책상 위에 올려놓았다. '가족 세우기(Family Constella-tions)'는 독일의 버트 헬링거(Bert Hellinger) 박사가 개발한 치료 기법으로 가족 내 질서가 깨졌을 때 이를 다시 회복시키기 위한 심리치료 방법이다. 우선 가족 내에서 재근이가 차지하는 감정적인 위치가 어디인지를 파악하는 것이 중요했다. 책상 위에 흰색 종이를 깔고 그 위에 가족 수만큼 인형을 올렸다. 재근이 가족은 아버지, 어머니, 누나, 재근이, 여동생 이렇게 다섯 식구였다. 밑에 깐 흰색 종이는 '가정'을 상징했고, 그 위에 올린 인형은 각각의 가족 구성원을 대표했다. 나는 재근이에게 가족이 각자 어디를 바라보고 있는지, 그리고 가족끼리 서로 물리적인 거리가 아니라 감정적인 거리만큼 얼마나 떨어져 있는지를 인형으로 표시해보라고 했다.

재근이는 아버지와 어머니를 가까이에 두었고, 어머니 옆에는 여동생을 세웠다. 그리고 누나를 맨 가장자리에 세우고 부모와 멀리 떼어놓았다. 그런데 자신의 인형은 가정이라는 종이 바깥에 뉘어놓았다. 가족에게서 소외되고 버림받고, 죽어 있는 듯한 모습으로 놓았던 것이다.

레고 인형에서 재근이의 부모는 누나와 끊임없이 싸움을 하고 있었다. 반면 여동생은 사랑받고 있었으며, 자신은 사랑을 받지 못한 채 늘 꾸중만 듣고 가족에게서 동떨어져 있었다. 재근이는 어머니에게 가장 크게 화가 나 있었고, 그다음으로 아버지, 누나, 동생 순으로 이어졌다. 가족 모두에게 화가 나 있는 재근이에게 물었다.

"네가 세운 가족만 봐도 재근아, 너는 참 힘들게 보인다. 가슴속에 하고 싶은 말이 많지?"

재근이는 내 말에 조금씩 몸을 돌리더니 조금은 편한 자세로 앉아 고개를 끄덕이기 시작했다.

"혹시 가족에게서 받은 화를 학교에서 풀고 있었던 것은 아니니?"

재근이는 고개를 숙이고 한참 생각하더니 이내 고개를 끄덕거렸다. 그 뒤로 학교 측에서도 재근이에 대한 처벌을 먼저 생각하기보다는 다시는 이런 일이 생기지 않도록 방지하는 쪽으로 상담을 진행하기로 했다. 이후 재근이는 본인의 심리상담뿐 아니라 가족이 전부 상담센터에서 도움을 받기로 하였다.

나중에 재근이의 부모님을 만나서 알게 된 사실은 재근이의 가정이 아버지가 재혼을 한 복합 가정이라는 것이었다. 재근이와 누나는 아버지가 데리고 온 자식이었고, 여동생은 새어머니와 아버지가 결혼해서 낳은 아이였다. 재근이의 부모님은 새 가정을 꾸리면서 재근이와 누나에게 포용력 있는 관심과 배려를 하지 못한 것으로 보였다. 이로 인해 가족 관계에 금이 갔고, 여기서 비롯된 화가 학교까지 이어진 것이었다.

재근이는 둘째라는 어정쩡한 위치에 있으면서, 재혼 가정에서 제대로 감정적인 보살핌을 받지 못한 채 방치되고 있었다. 옹호받지 못한다는 서운함과 여동생과 비교해 차별받고 있다는 생각은 재근이에게 화를 북돋는 결과를 가져왔다. 아버지가 친어머니와 이혼하기까지 벌인 여러 감정적인 갈등의 상황을 재근이는 이미 경험했고, 아버지의 재혼 후에는 아버지의 사랑이 재근이에게서 여동생과 새어머니에게로 이동된 상태였다. 여기에 새어머니와의 갈등도 새로 자리했다. 재근이가 화를 내고 자꾸 틀어지려고 하는 것은 내 마음을 알아달라는 표현이었고, 분노는 자신이 감정을 주체하지 못해서 만든 결과물이었다.

이렇게 가족 내 역동을 알게 되면 학생을 무조건 처벌할 수만은 없다. 학생의 아픔을 다독거리며 성장을 위해 나갈 수 있는 방법을 고려하게 된다. 부모는 자녀의 행복을 위해 노력하고, 교사는 학생의 성장을 위해 노력하는 자리가 아닌가!

재근이의 폭력성은 몇 차례 상담을 거치면서 다행히 줄어들었다. 부모가 먼저 복합 가족에서 생길 수 있는 문제점을 직시하고, 상담센터를 통해 교육을 받았다. 가족의 행복을 지키기 위해 가족 상담센터의 문을 두드린 것이다. 재근이의 부모님은 여러 회기의 상담을 위해 많은 시간을 투자해야 했고, 기존에 갖고 있던 자녀 양육 방식과 자신의 삶의 방식까지 바꾸어야 했지만, 이런 방법만이 끊어진 가족의 연대를 되살릴 수 있다는 신념을 잃지 않았다. 특히 재근이의 아버지는 자신의 화가 자녀에게 전달된다는 것을 알고, 이러한 분노의 대물림을 자신의 대에서 끊고 싶다는 강력한 바람을 갖고 계셨다. 재근이의 새어머니 또한 상담을 통해 자녀들과 적절한 거리를 두는 법을 알게 되었고, 가족 내에서 적합한 자신의 자리를 찾게 되었다.

대개 아이에게 문제가 생기면 부모들은 자녀만 홀로 상담센터에 보내는 경우가 많다. 그러나 이런 방법은 그다지 효과를 보지 못한다. 자녀가 상담을 통해 바뀐다 해도 원인이 되었던 가정의 상황이 여전하다면, 아이는 다시 그 불편함과 괴로움에 노출되기 마련이고 이로 인해 상담과 심리치료 효과가 떨어지기 때문이다.

재근이네 가족처럼 가족 모두가 함께 변하고자 했을 때 큰 효과가 생기는 법이다. 재근이는 센터의 조언을 받아 건강하게 분노를 배출하는 다양한 방법을 익혔다. 그림을 그리고 색칠하고, 종이를 찢고 찰흙을 주무르면서 다양한 미술치료 작업을 상담과 병행했고, 축구와 농구교실을 다니면서 에너지를 마음껏 분출할 수 있는 시간을 얻게 되었다.

운동이 아이들을 바꾼다

2012년 EBS에서 방영된 다큐프라임 〈학교체육, 미래를 만나다〉 3부작은 학교체육에서 우리 아이들의 행복과 희망의 가능성을 찾았다. '1부: 체육이 우등생을 만든다', '2부: 운동, 교실을 바꾸다', '3부: 운동, 행복한 아이를 만든다'로 구성된 이 다큐멘터리는 2010년 '학교체육 정상화'를 위해 대규모 예산이 투입되고 2년이 지난 뒤 학교 현장의 변화를 알아보도록 기획되었다.

이 프로그램에서 소개된 실험 중 기억나는 장면이 있다. 수업 중 자리에 잠자코 앉아 있지 못하고 수업에 도저히 집중하지 못하는 아이들에게 수업 전에 또는 1교시에 체육 활동을 하도록 시켰다. 그랬더니 아이들의 호흡이 활성화되어 산소 공급이 뇌로 향하고, 땀을 흘려 몸이 유연해진 덕에 집중력이 향상되어 수업에 열심히 몰두하는 모습을 볼 수 있었다.

성장 중인 아이들에게는 과도한 에너지가 넘치고 있다. 이 과도한 에너지를 주체하지 못해 집중력이 떨어지는 아이들에게 체육 활동으로 에너지를 발산하게 했더니 그 효과는 놀라우리만치 컸던 것이다.

분노 또한 감정의 에너지다. 화가 나면 긴 호흡으로 풍선에 바람을 빼듯 분노 감정을 긴 호흡으로 배출시키고, 몸을 움직여 땀을 흘리면서 감정을 에너지로 빼내는 것도 좋은 방법이다. 사실, 분노는 나쁜 것이 아니다. 분노는 고통을 이겨내기 위한, 나를 지키고 보호하기 위해 만들어진 생존 도구다. 분노에 사로잡힌 사람을 보라. 성인 두세 명이 달라붙어도 한 사람을 제어하기 힘들다. 따라서 운동 등으로 그 에너지를 적절히 사용할 방법을 찾는 것이 좋다. 분노는 속으로 꾹꾹 눌러 담는다고 담아지지 않는다. 다른 에너지로 터뜨리고 밖으로 배출할 때 분노는 조절하기 쉬워진다.

관리자가 분노에 사로잡혀 있다면 그 학교와 학생들에게 분노가 전달될 수밖에 없다. 모빌의 가장 상위 단계를 차지하는 사람이 만들어내는 진동은 아래로 전달되며 그 파장이 더 커질 수밖에 없는 까닭이다. 당신이 너그러운 관리자가 되지 못한다면, 그 이유는 관리자가 되기 전에 가지고 온 화가 이미 자리하고 있기 때문일 수도 있다. 교사 또한 자신의 화가 반 아이 중 누군가를 희생자로 만들고, 이는 또 다른 아이들에게 반드시 전달된다는 사실을 명심해야 한다.

특정 학생 때문에 화가 치밀어오를 때는 잠시 자리를 피했다가

오는 것도 요령이다. 우리 교실에는 칠판 구석에 1~8까지 숫자가 붙어 있다. 수업 도중 화가 날 때면, 나는 아이들에게 양해를 구한 다음 화의 크기에 맞게 숫자 옆에 자석을 붙여놓는다. 그리고 1~2분 정도 복도에 나가 호흡을 가다듬거나 화장실에 가서 세수를 하고 온다. 화가 조금 가라앉으면 화가 내려간 만큼 해당된 숫자 옆으로 자석을 이동시킨다. 그러면 조금 전과 달리 여유롭게 학생과 사건을 바라보고 처리하게 된다. 이 숫자 번호판은 교실에서 화를 다스리는 나만의 방법인데, 내게는 이 방법이 효과도 좋았고 결과도 좋았다.

그리고 화가 났을 때 "너희 때문에 화가 난 게 아니야. 다른 곳에서 온 화가 너희에게 전달되지 않도록 노력하고 있단다. 조금만 양해를 구할게."라고 이야기하는 것도 서로를 이해하고 보다 평화로운 학급을 만들어가는 데 많은 도움을 준다.

부모도 자녀를 키우면서 자주 화가 나는 순간을 맞닥뜨린다. 자녀를 키워내는 일은 그만큼 힘든 일이고, 또 자녀가 마음대로 따라주지 않아 속상하고 화날 때도 많다. 그러나 때로는 아이이니 실수하는 건 당연하다며 여유 있게 넘어가주고, 어느 정도 어리광을 받아주는 마음이 필요하다. 분노나 화를 다루는 것은 매우 어려운 일이다. 자녀의 행동 뒤에는 부모인 내가 내 아이에게 계속해서 행사한 감정의 에너지가 있음을 기억하자. 그리고 내 감정의 근원은 어디에서 왔는지, 그리고 나는 이를 어떻게 해결해야 할지를 곰곰 생각해보자. 혼자 힘으로 어려우면 전문가의 도움을 받는 것도 좋다. 전문가들에겐 이와 유사한 임상 사례가 풍부하므로, 여러분에게 유의미한 조언을 해줄 수 있다.

24시간 뒤에 화를 내자

한 남자가 집 앞을 쓸고 있었다. 그때 한 스님이 지나가다가 남자에게 한마디했다.

"사람을 죽일 상이구나. 쯧쯧쯧."

남자는 깜짝 놀라서 스님에게 이 무슨 해괴망측한 소리냐며 화를 냈다. 하지만 스님의 말이 걱정되어 스님에게 꼬치꼬치 연유를 물었다.

"스님, 제가 사람을 죽일 상이라는 것을 알아보셨다면 살릴 방법도 알고 계시겠지요. 제발 알려주십시오."

처음에는 남자의 청을 거절하던 스님은 남자의 간청에 못 이겨, 집 안 구석구석에 참을 인(忍) 자를 써서 붙여놓으라 했다. 스님은 작은 빈틈이라도 있어서는 안 되니 문틈이나 이불보에도 써서 붙여야 한다고 신신당부했다. 남자는 영문도 모른 채 스님의 말대로 집 안 구석구석에 참을 인 자를 써 붙였다.

어느 날, 남자가 일이 있어 며칠간 한양에 다녀왔다. 일을 마치고 예정보다 일찍 집에 도착하여 방에 들어서는데, 댓돌 위에 웬 신발이 눈에 띄었다. 그런데 남정네의 신발이 아니던가! 눈이 뒤집힌 사내는 마당 구석에 있던 도끼를 들고 방에 들어가 아내 옆에 누워 잠을 자고 있던 사람을 향해 도끼를 번쩍 들어올렸다. 이윽고 도끼를 내리치려는 순간, 이불보에 붙여 놓은 참을 인(忍) 자가 눈에 들어왔다.

정신이 번쩍 든 사내가 살펴보니, 달빛에 방 구석구석에 써 붙인 참을 인 자가 한눈에 다 들어왔다. 스님의 당부가 떠오른 남자는 도끼를 내려놓고 아내 옆에 누운 사람의 얼굴을 덮고 있던 이불을 내렸다. 순간 남자는 깜짝 놀랐다. 그 사람은 다름 아닌 아내의 여동생, 즉 자신의 처제였기 때문이다. 언니가 걱정된 처제는 형부가 올 때까지 집에서 함께 지내는 중이었고, 언니 집에 오는 도중 신발을 잃어버려 남자의 신을 빌려 신고 왔던 것이다.

참을 인 자는 칼 도(刀) 밑에 마음 심(心)이 놓여 있는 모양이다. 내 마음 위에 칼이 자리 잡고 있다는 뜻이라 하겠다. 내 마음을 다

스리지 못하면 그 칼날에 다치는 것은 나이고, 때로는 타인을 다치게 만들 수도 있음을 명심하자. 한때 나도 화가 가득한 사람이었다. 욱하기도 잘 하고, 수업 도중에 바닥에 유리 막대를 던져 앞에 앉아 있던 학생을 다치게 한 전력도 있는, 나약하고 부끄러운 교사였다. 그런 나에게 어머니는 이 이야기를 들려주시면서 아들이 화를 조금 더 현명하게 처리하기를 바라셨다.

　20세기의 위대한 영적 스승으로 꼽히는 구르지예프＊는 아홉 살 때 돌아가신 아버지로부터 "누가 너를 모욕하거든 조용히 들어라. 그리고 스물네 시간 동안 잘 생각해보고 다시 와서 답변하겠다고 말해라." 하는 유언을 들었다고 했다. 이런 아버지의 유언은 노년에 이르기까지 구르지예프에게 큰 도움이 되었다고 한다. 노년에

＊ Georgii Ivanovich Gurdzhiev 또는 George Ivanovich Gurdjieff, 1877?~1949 : 20세기 신비주의의 대가로, 유물론적 오컬트 교의를 창시하여 20세기 초 신비 사상과 1960년대 히피 문화에 큰 영향을 미쳤다.

접어든 구르지예프는 제자들에게 이렇게 말했다고 한다.

"아버지의 유훈은 정말 커다란 도움이 되었다. 누가 스물네 시간 후에도 계속 화를 낼 수 있겠는가? 스물네 시간 곰곰이 생각해보면 누가 옳은지를 알 수 있다. 상대가 옳았다 해도 신경 쓸 필요 없다. 자신을 바꾸면 되는 것이다. 상대가 틀렸다 해도 신경 쓸 필요 없다. 그것은 상대의 문제지 나의 문제가 아니기 때문이다."

이처럼 화가 올라오면 시간을 갖자. 그리고 앞서 이야기한 압력밥솥에 차가운 물을 붓는 것처럼, 분노를 낮추기 위한 자기만의 방법을 쓰자. 교사, 부모인 내 분노가 학생, 자녀에게 전달되지 않는 일이 내 분노를 퍼뜨리지 않는 지름길이다.

05
슬픔·우울

위로하지 못하는 어른, 보호받지 못하는 아이

슬픔의 원인은 다양하다. 친구나 사랑하는 사람과의 이별, 간절히 원했던 목표를 이루지 못한 좌절감, 가까운 이의 죽음, 혼자 남겨진 외로움, 타인으로부터의 고립과 멸시 등 다양한 이유로 우리는 슬픔에 빠진다.

슬픔의 감정도 사람과의 관계 속에서 만들어진다. 그러나 슬픔이 분노와 다른 점은, 슬픔의 감정은 밖으로 분출되는 것이 아니라 자기 자신으로 향한다는 것이다. 자신이 원하는 대로 일이 진행되지 않거나 목표를 달성하지 못했을 때, 우리는 스스로를 원망하며 깊은 슬픔에 빠지게 된다.

대개의 사람들은 슬플 때 눈물을 흘리고, 때로는 엉엉 소리 내어 울면서 밤을 새우기도 한다. 이렇듯 일종의 카타르시스를 맛보면서 슬픔을 잘 떠나보내게 되면 대개는 평온했던 일상으로 다시 돌아올 수 있다. 반면, 슬픔의 감정을 제대로 다독이지 못하고 슬픔과 오랜 시간 동거하게 되면 슬픔이라는 감정 자체에 압도당하거나 우울한 상태로 전락할 수 있다. 이런 상태가 지속되면 마치 늪에 빠진 사람처럼 점점 더 깊은 우울과 의욕 부진의 상태에 머물게 된다. 늪에서 빠져나오려고 애쓰면 애쓸수록 더 깊은 수렁에 빠지는 것처럼 더 차갑고 어두우며 질퍽한 심연으로 빠져드는 것이다. 세상만사가 다 귀찮아지고, 생체리듬은 깨지며, 몸은 점점 나른해지고 느려진다. 이런 상태에 이르면 부모는 자녀를 제대로 양육할 수 없고 교사는 학생을 제대로 가르칠 수 없다.

슬픔이 발생된 과거 경험은 현재 접하는 사건에 영향을 미쳐 더 큰 슬픔을 만들어내곤 한다. 학부모를 대상으로 진행한 워크숍에서 만난 한 어머니는 자녀가 친구들에게 따돌림을 받는다는 소식을 담임에게 들었을 때 매우 깊은 슬픔에 빠지면서 일순간 무기력해졌다. 그 어머니는 과거 자신이 따돌림을 받았던 경험이 되살아나 당시의 부정적인 감정에 빠져들고 말았다. 자기 자녀에게만큼은 절대로 물려주고 싶지 않았던 고독과 모멸의 시간들을 딸도 똑같이 겪고 있음을 알게 된 어머니는 깊은 절망에 빠졌고 여기서 쉽게 헤어 나오지 못했던 것이다.

부모는 자녀의 마음을 먼저 읽어주고 위로해주며, 자식에게는 힘이 되는 존재여야 한다. 걱정 말라고, 네 뒤에는 든든한 우리가 있으니 염려 말라고 힘을 실어주어야 한다. 그런데 힘을 주고 용기를 심어주어야 할 부모가 먼저 슬픔에 빠져버리면 어떻게 해야 할까? 아직 미숙하고 경험이 부족해 상황 판단이 어려운 자녀는 부모에게서 받아야 할 위로도 제대로 받지 못한 채 따돌림을 당한 상황에 무기력하게 노출되어 더 어려운 처지에 놓이게 될 것이다.

가끔 누군가의 죽음을 겪거나 매우 어려운 삶의 위기를 맞닥뜨렸을 때, 자녀가 오히려 부모를 위로하고 다독이는 부자연스러운 모습을 목격하기도 한다. 부모 역할을 제대로 하지 못하는 부모와 아이답게 마음껏 안기지 못하는 아이들을 볼 때면 안타까움을 넘어서 애처롭고 씁쓸한 마음을 감출 수가 없다. 슬픔이 삶을 압도하거든 여기서 벗어나기 위해 노력해야 한다. 그것이 부모 된 자, 어

른이 된 이들이 취할 자세다.

만약 교사라면 자신의 과거 슬픔과 관련된 기억이 무엇인지, 슬픔과 관련된 경험은 어느 정도인지 파악해야 한다. 그리고 과거 슬퍼했던 내면의 아이를 다독일 기회를 가져야 한다. 그래야 학생에게 자리 잡은 슬픔을 제대로 볼 수 있는 눈이 생긴다. 앞에서 예로 든 어머니의 경우와 마찬가지로, 슬픔이라는 안경을 쓰고 슬픔과 절망이라는 옷을 입고 아이들을 바라본다면 해결해야 할 사건이 벌어졌을 때 현명한 판단을 하기 힘들며 아이를 이해하는 폭도 편협할 수밖에 없다. 만약 슬픔에 빠져 있는 아이가 있다면 그와 관련된 사건은 무엇인지, 관련된 사람은 누구인지, 그 안에서 어떤 역동이 작용하고 있었는지를 즉각 파악해야 한다. 어른 된 자, 부모 된 이가 사태를 정확히 파악하는 순간 해결의 실마리도 즉각 보일 것이며 아이의 슬픔도 자연스럽게 해결될 수 있을 것이다.

슬픔에 직면하기

20대 중후반인 정다영 선생님은 학교에서 외로움을 느낄 때가 많다. 기간제 교사를 하던 도중 작은 학교에 신규 발령을 받아 출근했는데, 비슷한 또래의 선생님이 별로 없었다. 발령받은 학교의 선생님들은 대부분 나이가 지긋한 분들이셨다. 가장 나이 차이가 적은 선생님도 40대 초반이었다. 동료 교사들은 딸처럼 대해준다고

했지만 정다영 선생님은 외로웠고 마음을 붙일 데가 없었다. 학교
는 경쟁적이고 권위적인 분위기로 가득했고, 무기력감이 팽배했
다. 게다가 상대적으로 나이가 어리다 보니 많은 업무가 주어졌고,
그에 따라 점차 학교생활이 버거워졌다. 누군가에게 위로받고 싶
고 자신의 힘든 상황을 나누고 싶었지만 그럴 여건이 되지 않았다.
교실에 혼자 외롭게 남아 있는 시간이 많아지면서, 정 선생님의 외
로움과 슬픔은 눈덩이처럼 불어나고 있었다.

정다영 선생님이 겪고 있는 외로움과 슬픔은 얼마나 일반적인
경우일까? 정말로, 학교라는 조직은 권위적이고 무력감이 가득하

기만 한 곳일까? 연령대가 높은 교사들이 많은 학교에서는 대개 저런 결과가 나오는 것일까? 저 학교에 발령을 받은 젊은 교사들은 정 선생님처럼 모두 외롭거나 슬픔에 빠지는 것일까?

정다영 선생님은 사실 현재의 학교생활을 통해 평소의 슬픔이 증폭된 경우라 볼 수 있었다. 정 선생님에게는 과거 큰 슬픔이 휘몰아친 적이 있었다. 고등학교를 졸업하고 원하는 대학에 지원했다 실패한 뒤 재수와 삼수 생활을 거쳤고, 그 시간을 보내면서 가슴 깊숙한 곳에 아픔과 상처가 자리 잡고 있었던 것이다. 정 선생님은 먼저 대학에 들어간 고등학교 친구들과 연락을 하지 못했고, 작은 독서실 책상에 앉아 입시 공부를 하며 시간을 보냈다. 마음을 나눌 대상도, 속내를 털어놓을 친구도 없이 재수와 삼수의 시간을 보냈다. 부모님과도 제대로 대화를 하지 못했고, 위로도 받지 못했다. 그 기간 동안 정 선생님은 눈물을 흘리며 보내는 시간이 많았고, 슬픔은 어느새 그녀 주변을 감쌌다.

대학에 진학하고 직장을 얻으면서 과거의 슬픔은 사라진 듯했지만, 새로운 학교에 발령을 받고 비슷한 환경이 주어지자 이전의 외로움과 슬픔이 현재의 상황과 맞물리면서 정 선생님을 더욱 힘들게 하고 있었다. 이전의 경험이 현재의 상황에 여전히 영향을 미치고 있는 경우였다.

정 선생님의 과거에는 더 핵심적인 '슬픔과 외로움'의 경험이 있었다. 아주 어렸을 때, 정 선생님이 말을 배우고 세상을 알아갈 무렵, 어머니와 아버지는 생계를 꾸려가느라 밤늦은 시각까지 일을 하셔야 했다. 아직 어린 정 선생님은 혼자 집에 남겨져 돌아오지 않는 부모님을 기다리는 시간이 많았다. 혼자 창밖을 바라보고, 혼자 밥을 먹고, 부모님이 돌아오시기를 기다리며 잠이 들었던 기억이 정 선생님 유년의 기억을 대부분 차지하고 있었다. 초기 어린 시절에 생긴 외로움과 슬픔이 재수와 삼수 시절을 거치면서 점점 커졌고, 현재 학교생활을 하면서 동료들과 관계 맺기를 순탄하게 하지 못하자 증폭되었던 것이다.

정 선생님은 이 흐름을 알게 된 순간(이를 심리학에서는 직면과 이해의 순간이라고 한다.) 그곳에서 벗어나기 위한 노력을 계획하게 되었다. 이처럼 감정이 자리 잡은 흐름을 아는 것만으로도 현재 내 삶의 패턴은 변하기 마련이다. 슬픔과 외로움이 교사인 나에게(또는 부모인 나에게) 자리하고 있다면 내 삶을 살펴볼 필요가 있다.

정다영 선생님을 위해 짧은 심리극을 진행하였다. 정다영 선생님의 내면 아이(과거 상처받았던)를 나타내는 한 사람을 의자에 앉게 한 뒤, 뒤쪽에 슬픔을 나타내는 사람이 앉아 있는 사람을 누르고 있는 자세를 만들었다. 고개를 숙인 채 앉아 있는 내면의 아이를 바라보게 한 뒤, 정 선생님에게 과거에 그녀를 찾아온 슬픔이 현재에도 이어지고 있음을 인지시켰다. 정 선생님은 이제 저 슬픔을 떼어 떠나보내야 했다. 어깨를 짓누르고 있는 '슬픔'이 정 선생님을 보면서 말했다.

"평생 이렇게 붙어서 살아갈 거야!"

그 순간 정 선생님은 자신의 내면 아이를 구해주고 싶어 했고, 슬픔을 떼고 싶어 했다. 기다란 천을 가져와 슬픔과 정 선생님을 연결했다. 그리고 정 선생님으로 하여금 천을 잡아당기면서 슬픔을 떼어내도록 했다. 슬픔의 내면 아이는 정 선생님에게, 다시 혼자 남는 상황이 생기면 또다시 자신을 찾을 것 아니냐고 되물었다. 정 선생님은 슬픔에게, 지나간 날보다 남아 있는 시간이 더 많으므로 앞으로는 미래의 시간을 더 소중히 생각할 것이라고 외쳤다. 학교 밖에도 자신을 좋아하는 친구가 있고 자신을 위로해주는 좋은 사람들이 있음을 다시 한 번 확인하면서, 정 선생님은 슬픔과 연결된 천을 잡아당기면서 슬픔을 조금씩 떼어냈다. 그러고는 웅크리고 앉아 있는 과거의 상처받은 자신(내면 아이)에게 다가가 위로를 전했다.

"난 네가 힘들었던 것 알아. 하지만 그렇게 고생한 덕분에 원하던 선생님이 되었고, 예쁜 아이들과 잘 살고 있어. 그러니 너무 슬퍼하지 마."

그리고 정 선생님은 자신의 내면 아이를 꽉 안았다. 잠시 뒤, 나는 역할을 바꾸어 정 선생님에게 내면 아이가 되도록 했다. 그리고 과거에 받지 못했던 위로를 이 순간 느끼도록 했다.

"괜찮아. 이제 괜찮아. 그동안 많이 힘들었지?"

현재의 정다영 선생님 역할을 하는 여자 선생님이 내면 아이의 그녀를 감싸자 그녀는 울음을 터뜨렸다. 외로움을 녹일 수 있는 것은 사람의 체온이리라. 자리에 함께했던 여러 여자 선생님들에게 앞으로 나와 정 선생님을 함께 안아달라고 부탁했다. 참가했던 다른 선생님들은 천천히 걸어나와 정 선생님을 안아주고 다독이며 온기를 나누어주었다. 나는 정 선생님에게 여러 선생님의 따뜻함을 들이마시도록 했다. 이 경험이 미래에도 이어지기를, 외로움이 찾아오는 순간 이 경험을 떠올리기를 바랐다.

그녀에게 찾아온 외로움은 삶에 아픔만 준 것은 아니었다. 외로움이 있어서 반 아이들에게 더 따뜻한 교사가 되려고 했고, 자신처럼 외로워하는 아이가 눈에 띄면 지나치지 않고 따뜻한 차를 타주거나 손을 잡아주었다. 심리극 속에서 정 선생님은 "학교만이 내 외로움을 달래주는 곳이 아니야!"라고 슬픔에게 큰 소리로 외쳤던 것처럼, 학교 상황에 실망하지 않고 관계를 만들어갔다. 학교 안에서도 마음을 나눌 한 사람을 찾아냈고, 서로 이야기를 나누고 위로를 주고받았다. 학교 밖에서는 스터디 모임과 오프라인 연수를 하면서 좋은 사람들과 새로운 관계를 만들었다.

아픔 없이 크는 사람은 없다. 누구나 상처와 아픔을 갖고 살지만, 그 상처와 아픔을 직시하고 이것을 온전히 자신의 과거로 인정하고 받아들일 때 우리는 그 상처와 아픔에서 벗어날 수 있는 첫걸음을 뗄 수 있을 것이다.

슬픔의 제자리 찾기

> 조심스럽게 상담실 문을 열고 들어오는 학부모의 눈에는 눈물이 맺혀 있었다. 상담하러 온 어머니는 초등학교 5학년인 혜진이 문제로 고민이 많았다. 가까이 지내던 외할머니가 돌아가신 뒤부터 딸아이에게 슬픔과 무력감이 심각하게 생겼다고 했다. 혜진이는 부쩍 죽음에 관련된 이야기를 한다고 했다.
>
> "외할머니가 있는 곳은 어떤 곳일까? 나도 죽으면 외할머니 계신 곳으로 가게 될까?"
>
> 그런 소리를 들을 때마다 혜진이 어머니는 심장이 떨리고 걱정이 많아졌다.
>
> 소중한 사람의 죽음은 주변 사람에게 막대한 영향을 주기 마련이다. 그런데 어머니나 아버지의 영향보다 외할머니가 주는 영향이 더 큰 이유는 무엇일까? 죽은 사람을 따라가고 싶다고 하는 것은 그만큼 강력한 결속이 있었다는 것인데, 혜진이에게는 어떤 관계의 역동이 작용하고 있었을까?

혜진이 어머니는 혜진이의 외할머니가 얼마 전 암으로 돌아가셨다고 했다. 혜진이는 아픈 할머니를 위해 기도하고, 대신 아프면 좋겠다는 말을 자주 했다고 한다. 혜진이 어머니가 집으로 돌아가신 뒤, 혜진이의 담임 선생님을 만났다. 혜진이의 현재 모습을 아는 것이 상담하는 데 중요했기 때문이다. 혜진이의 담임 선생님 역시 혜진이를 많이 걱정하고 있었다. 혜진이가 기운이 없고, 급식을 먹는 것조차 힘들어한다고 했다. 쉬는 시간에도 멍하니 앉아 있는 경우가 많다고 했다.

외할머니와의 관계를 어느 정도 파악하고 있긴 했지만 혜진이의 무기력이 장시간 지속되다 보니 교실에서도 조금씩 불편한 움직임이 생기고 있었다. 모둠 활동이나 전체 학습에서 혜진이를 특별히 배려해주어야 하는 일을 두고 불만을 토로하는 아이들이 생기기 시작했고, 유독 동작이 느려지고 표현이 사라진 혜진이와 활동하기를 꺼리는 아이들이 늘기 시작한 것이다. 자연스럽게, 모둠 활동 시간에 혜진이에게 핀잔을 주는 아이들이 생겼다.

외할머니의 죽음이 현재 혜진이에게 슬픔과 무력감으로 자리 잡고 있었다. 아마 혜진이에게는 할머니에 대한 사랑이, 할머니의 죽음을 겪으면서 죄책감으로 이어진 게 아닐까 하는 생각이 들었다. 그렇다면 이 '사랑'을 어떻게 이용해야 할까? 어떻게 해야 할머니의 죽음을 바라보는 혜진이의 시선을 바꿀 수 있을까?

다음 날, 상담을 약속한 시간에 혜진이가 교실로 들어왔다. 몸에 힘이 없어 축 늘어진 자세가 눈에 띄었다. 혜진이는 할머니가 돌아가신 뒤 너무 슬퍼서 기운이 없다고 했다. 그런 혜진이에게 할머니와의 좋았던 추억을 물어보았다. 혜진이는 외할머니가 맛있는 음식을 만들어주었던 일과 자기를 꼭 안아주며 노래하고 웃어주셨던 기억을 이야기했다. 외할머니가 얼마나 따뜻하고 좋은 분이셨는지도 말해주었다. 외할머니를 추억하는 혜진이의 얼굴은 눈에 띄게 밝아졌다. 낯빛도 달라졌고, 할머니 덕분에 자신이 잘 컸다면서 내 눈을 바라보기도 했다.

나는 외할머니가 편찮으셔서 병원에 입원해 계실 때 혜진이의 마음이 어땠는지 물어보았다. 혜진이는 너무 힘들고 마음이 아팠다고 대답했다. 사랑하는 사람이 고통받는 모습을 바라보는 것은 누구에게나 힘든 일이다. 만약 반대의 상황이라면 어땠을까? 상대방의 생각과 눈으로 현재의 자신을 바라보면 어떠할까! 혜진이에게 자신을 다른 관점으로 바라볼 기회를 주기로 마음먹었다. 그래서 심리극의 역할 바꾸기 방법을 사용했다.

혜진이에게 옆에 있던 의자를 가리키며 '외할머니 자리'라고 말했다. 그리고 그곳에 앉아서 외할머니처럼 생각하고 답을 해보라고 했다. 자리를 옮겨 외할머니 자리에 앉은 혜진이에게 혜진이가 할머니에게 얼마나 사랑하는 손녀인지 이야기해달라고 했다. 그러자 혜진이는 외할머니의 입장에서 "음. 혜진이가 하루는 선물이라며 꽃다발을 내밀더라고. 소풍 갔다가 예쁜 꽃을 보고 내 생각이 났나 봐. 정말 좋았지. 그리고 함께 비빔밥도 만들어 먹고, 아파트 둘레를 함께 걸으면서 이야기도 나눴지."라며 추억을 이야기했다. 그 이야기를 듣던 나는 만약 손녀딸이 걸어가다가 넘어져서, 또는 누군가에게 맞아서 슬퍼하고 울고 있다면 어떻게 해주겠느냐고 물어보았다. 그러자 외할머니 역할을 맡은 혜진이는 손녀를 안아주고 달래줄 것이라고 답했다. 나는 혜진이에게 중요한 질문을 던졌다.

"외할머니, 요새 혜진이가 슬프대요. 죽고 싶대요. 그래서 힘이 없어요. 하늘나라에서 그런 혜진이를 바라보니 어떤 생각이 드세요?"

그러자 혜진이의 눈이 커지면서 조금 전 자신이 앉았던 의자를 바라보았다. 그러더니 한참 뒤 입을 열고 작은 목소리로 "마음이 아프지요."라고 답했다. 나는 계속해서 물었다.

"혜진이가 외할머니에게 가고 싶대요. 죽고 싶대요. 외할머니, 데려가시겠어요?"

이 질문에 혜진이는 바로 "아니요."라며 고개를 저었다. 나는 혜진이가 처음 앉았던 의자에 앉아 혜진이처럼 축 늘어졌다. 그리고 외할머니를 바라보고 이야기했다.

"할머니, 나 할머니 있는 곳에 갈래. 나 가고 싶어."

그러고는 외할머니 역할을 맡은 혜진이의 팔을 꽉 잡았다. 그러자 혜진이는 큰 소리로 "안 돼!"라며 팔을 뿌리치기 시작했다.

"할머니, 나 너무 슬퍼. 난 웃을 수도 없어. 할머니가 돌아가셨는데 웃는 것도 이상하잖아. 그냥 이렇게 축 늘어져서 사는 게 최선이야."

그러자 내 손을 잡고 혜진이가 이야기를 시작했다.

"네가 행복해야 할머니도 행복하단다."

비로소 중요한 말이 혜진이에게서 나왔다.

"그럼 어떻게 살아야 하는데?"

"밥 잘 먹고, 잘 놀고, 엄마 말 잘 듣고. 그게 할머니도 행복해지는 거야."

혜진이는 고개를 끄덕이기 시작했다. 나는 혜진이의 역할에서 빠져나와 외할머니 역할의 혜진이에게 질문을 던졌다.

"외할머니, 혜진이는요, 자기가 외할머니를 고쳐주지 못했고, 살리지 못해서 마음이 아프대요. 그게 혜진이 책임인가요?"

"아니요."

혜진이는 고개를 저었다.

"외할머니, 몇십 년 동안 의학을 공부한 선생님도 어떻게 할 수 없었던 치료를 초등학교 5학년 여자아이가 할 수 있나요?"

"할 수 없지요."

혜진이는 의자에 시선을 보냈다. 슬퍼하는 모습이 돌아가신 할머니를 위한 일이라 생각했지만 그게 아니라는 것을 알았으리라.

"할머님, 혜진이에게 너 때문이 아니라고 이야기해주세요."

혜진이는 고개를 숙이고 잠깐 생각하더니 빈 의자를 보고 입을 열었다.

"혜진아, 네 잘못이 아니야. 의사 선생님도 어떻게 할 수 없었단다."

그 말을 하면서 외할머니 역할의 혜진이는 고개를 끄덕였다. 한번 더 혜진이에게 어떻게 살아야 하는지 이야기하도록 했다.

"그래, 네가 행복하게 사는 것이 외할머니인 내가 행복하게 사는 것이란다."

외할머니 자리에 앉아 그 말을 하던 혜진이의 눈에서 눈물이 뚝뚝 떨어졌다. 외할머니의 눈으로 자신을 충분히 봤으리라. 다시 자리를 바꿔 혜진이를 원래 자리에 앉게 하고 나는 외할머니 자리에 앉았다. 그리고 조금 전 외할머니의 입장에서 말한 그 말을 그대로 혜진이에게 전달했다.

"혜진아, 네가 행복하게 사는 것이 외할머니인 내가 행복하게 사는 것이란다. 그러니 밥 잘 먹고 친구들이랑 재미있게 보내렴."

"알았어요. 외할머니."

혜진이의 눈에서 눈물이 뚝뚝 떨어졌다. 감정에 너무 복받치는 것 같아서 혜진이의 감정을 조금 줄여주고 싶었다.

"네가 하도 슬퍼하고 밥도 안 먹으니까 할미가 하늘나라에서 놀지도 못하고 너만 보고 있어. 할미도 좀 놀고, 좀 쉬자. 응?"

그 말을 듣던 혜진이는 눈물범벅이 된 채 피식 웃었다.

복도에 있던 혜진이의 어머니를 교실로 들어오시라 했다. 혜진이 어머니를 눈물 흘리고 있는 혜진이 바로 건너편에 서도록 했다. 모녀를 마주보게 한 뒤 말을 따라 하도록 했다.

혜진이에게 먼저 "엄마, 외할머니가 돌아가셔서 너무나 슬퍼."라고 말하도록 했다. 그러자 혜진이의 눈에서 눈물이 주룩 흘러내렸다.

"엄마, 외할머니가 죽은 건 내가 죽은 것과 같아."

혜진이의 눈과 어머니의 눈에서 함께 눈물이 떨어졌다.

"그래서 내가 힘이 없었나 봐. 도와줘, 엄마."

어느새 어머니의 두 손이 혜진이에게 향했다. 어머니에게도 문장을 따라 하게 했다.

"엄마도 외할머니가 돌아가신 게 슬프단다. 하지만 네가 죽고 싶어 하는 게 더 슬펐어."

혜진이는 조금 더 큰 울음을 터뜨렸다. 자신을 바라보는 혜진이에게 조금 더 통찰의 시간을 주고 싶어서 혜진이에게 이야기했다.

"엄마의 죽음으로 '슬픔에 잠긴 딸'의 입장인 엄마를 바라봅니다. 그리고 자녀가 죽을까 봐 걱정하는 엄마의 입장으로도 바라봅니다. 그리고 그 안에 자리 잡은 슬픔 또한 바라봅니다."

외할머니의 딸, 자신의 엄마. 동시에 자리 잡은 슬픔을 보는 것은 자녀의 입장에서 처음이었으리라.

"엄마의 눈을 바라봅니다. 엄마는 삶 그 자체입니다. 이제 죽음인 할머니의 영역에서 삶인 엄마에게로 한 걸음을 떼야 합니다. 죽음에 대한 슬픔보다 더 강한 것은 삶 속에 자리한 가족과 사랑입니다. 딸은 엄마를 보고 이렇게 이야기합니다. 엄마, 저를 삶에서 꽉 안아주세요."

"엄마, 저를 삶에서 꽉 안아주세요."

말을 하면서 혜진이는 조금씩 엄마 쪽으로 이동했고 그렇게 품 안에 들어온 딸을 엄마는 꽉 껴안았다.

"그래, 엄마 여기 있어. 엄마가 너를 삶에서 꽉 껴안으마!"

혜진이 어머니의 얼굴에서 눈물이 흘러내렸고, 혜진이도 눈물을 흘리며 엄마 품 안에 자리했다.

엄마와 딸이 가족, 사랑으로 꽉 껴안고 있는 모습을 보는 것이 참 좋았다. 혜진이와 대화를 시작한 지 20분 정도밖에 흐르지 않았지만 큰 변화가 생긴 듯했다. 이윽고 어머니와 혜진이를 의자에 앉도록 한 뒤 대화를 이어가게 했다.

"혜진아, 어떤 생각이 드니?"

"제가 행복해도 되고, 엄마 품이 따뜻하다는 거요?"

씨익 웃으며 혜진이가 대답했다. 혜진이 어머니에게도 어떤 생각이 드는지 물어보았다.

"혜진이에게 슬픔을 가져다준 게 저인 것 같아요. 그래서 미안해요. 하지만 제가 지금 혜진이 옆에 있다는 게 더 중요하지요."

상담은 따뜻하게 마무리를 지으면서 끝났다. 처음 혜진이가 보였던 무력감은 상실에서 기인한 슬픔에서 시작되었고, 감정이 학교 교실까지 연결된 것이다. 어머니는 혜진이가 태어났던 시절, 정신없이 일을 해야 했다. 남편과는 주말부부로 생활하게 되었고, 혜진이를 친정어머니에게 맡길 수밖에 없었다. 자녀 양육이 중요하다는 것을 알고 있었지만 벌이를 계속해야 하는 것 또한 세상을 살기 위해 중요한 부분이기도 했다.

관계 형성의 첫걸음은 어머니에서 시작되고, 그다음에 아버지, 그리고 다른 가족으로 동심원을 그리며 조금씩 확장된다. 혜진이는 애착 관계의 첫 단추를 '외할머니'에서 시작한 경우다. 부모와 떨어져 있던 불안감과 슬픔을 다독였던 것은 외할머니였고, 외할머니가 보내주신 사랑과 안정감이 혜진이의 부모가 채워주어야 할 곳에 대신 자리 잡게 되었다. 혜진이의 어머니 또한 딸아이를 외할머니에게 맡겼던 일이 마음에 걸렸고, 미안함이 많았다. 그러나 모두 최선을 다해서 살다 생긴 일임을 명심해야 한다. 관계가 어긋났을 때는 작은 데서부터 변화를 시작하면 된다. 죄책감에 빠져 무기력해 있기보다는 앞으로 자신이 할 수 있는 일을 생각해야 한다. 과거는 변하지 않지만 미래는 변하기 마련이다.

혜진이는 그 뒤로 어떻게 되었을까? 며칠 뒤, 복도를 걷는데 혜진이가 내 옆을 스쳐 뛰어갔다. "안녕하세요!" 밝게 웃으며 뛰는 모습으로 말이다.

가치 있는 삶의 순간을 물려주기

앞에서 소개한 두 사례에서 보듯 현재의 슬픔과 외로움, 무력감, 우울함은 그저 현재의 일로 인해서만 생긴 것이 아니다. 과거에 있었던 기억과 사건이 내면 깊숙이 잠재해 있다가 현재의 사건이 계기가 되어 촉발하는 경우가 매우 많다. 일정한 슬픔에 대한 감정이 패턴처럼 내 삶에 작용하고 있다면, 이를 똑똑히 직면하고 여기서 조금씩 밖으로 빠져나올 수 있는 기회를 만들어야 한다. 그리고 이런 용기는 누구보다 부모와 교사인 어른이 먼저 나서서 행동에 옮겨야 한다.

대개의 부모는 내 자녀가 학교생활에 적응하지 못하거나 자신이 원하지 않았던 모습으로 자라는 것을 볼 때 절망하기 쉽다. 힘들어하는 아이에게 기껏 조언을 했지만 아무런 도움이 되지 못하거나 맞벌이 부부라 자녀의 학교 행사에 참여하지 못할 때에도 쉽게 죄책감에 빠지기 쉽다. 아이들이 부모의 노력을 알아주지 않을 때에도 서글프고 서운한 감정을 쉽게 느낀다. 하지만 가장 중요한 순간은 부모 자신이 자신의 상태를 제대로 인지하지 못하는 상황이다. 어려운 일이 닥쳤는데 이를 잘 해결해낼 용기와 힘이 부족하다고 느낄 때, 부모는 스스로를 자책하고 무능력하다고 생각하는 경향이 있다. 그리고 부모가 자책에 빠지면, 자녀에게 슬픔과 절망의 기운을 물려주기 쉽다. 따라서 자녀의 문제에 집중하기 전에 부모

는 먼저 부모 자신의 문제를 돌볼 수 있어야 한다. 부모가 자신의 상황을 충분히 통제하고 있을 때 자녀의 상황도 통제할 수 있다. 이렇게 마음먹는 순간 부모에게는 자신의 자녀를 위해서 없던 힘도 솟아날 것이다.

부모님을 위한 마음 흔들기 과정에서 만난 한 어머니는 우울 증세를 보이고 있었다. 침대에 누우면 쉽게 일어나기 힘들어했고, 자신을 꾸미거나 표현하는 것과는 거리가 있었다. 아이들의 식사 준비조차 버거워했고, 청소와 빨래 같은 기본적인 살림도 제대로 해내지 못했다. 그러다 보니 아이들은 아무렇게나 끼니를 때웠고 같은 옷을 여러 날 입기도 했다. 무엇보다 심각한 건, 엄마에 대한 분노의 감정이 아이들에게 자리 잡은 것이었다.

그녀의 아이들은 보통의 엄마들처럼 자신들을 챙겨주고 돌보지 못하는 엄마에 대한 원망과 화가 차곡차곡 쌓여 엄마에게 막말을 하기도 하고, 학교에서도 툭하면 친구들에게 주먹을 날렸다. 그 어머니는 큰 용기를 내어 마음 흔들기 과정에 참여했고, 아이들과의 고민을 털어놓게 되었다.

그 어머니의 우울 증세는 어디에서 왔을까? 사실, 그녀는 어렸을 때부터 어머니의 기대주였다. 그녀의 어머니는 그녀가 무엇이든지 잘 하길 바랐고 자신이 원하는 대로 살기를 바랐다. 그녀의 어머니 자신이 사회에서 알아주는 성공한 여성이었고, 따라서 딸에게 매우 엄격한 잣대를 들이댔다. 그녀는 자신의 엄마처럼 될 수 없었

다. 또 엄마가 원하는 삶을 살아야 하는 것에 대해, 자신의 생각을 제대로 표현하면서 살지 못한 것에 대해 언제나 힘들어했다. 결혼 상대자도 자신이 원하는 사람이 아니라 친정어머니가 원하는 사람 이었다. 결혼 뒤에도 그녀의 어머니는 모든 것을 조정했다. 자신의 삶을 제대로 살지 못한 것에 대한 슬픔이 그녀를 조금씩 덮었고, 나중에는 심한 무력감으로 발전했다.

진행된 심리극에서 당사자인 어머니, 친정어머니, 자녀 역할을 맡을 인물을 세우고 셋을 천으로 연결했다. 친정어머니로부터 생 겨난 화가 점차 커져 결국에는 무기력한 '자기 자신'으로 발전되 고, 자녀에게까지 분노를 전달하고 있음을 연결해서 보여주는 순 간, 심리극 주인공이 된 어머니는 충격을 받고 멍해졌다. 그녀는 늘 자신에게 생긴 일에 대해서만 집중하고 이를 안타까워하고 슬퍼하는 게 전부였는데, 자기 문제로 인해 자녀들까지 영향을 받고 자녀들 또한 자기처럼 무기력하게 살아가는 것을 확인할 수 있었기 때문이다. 그녀는 이 상태를 '벗어나야겠다'고 생각했다. 자기 자신의 상태를 자각하는 것, 이런 움직임이야말로 변화를 위한 아주 중요한 한 걸음을 뗀 것이다. 해결되지 않은 감정은 대를 이어 내려오고, 나 자신뿐 아니라 내가 그토록 사랑하는 아이들에게도 지워지지 않는 상처로 각인될 수 있음을 기억해야 한다.

교사들은 의외로 슬픈 상황에 자주 맞닥뜨린다. 아무리 노력해도 아이들이 변하지 않을 때, 자신이 다른 선생님과 비교당할 때, 동료 교사로부터 예기치 않은 비난을 들을 때, 학생이 포기하는 것을 보게 될 때, 학생들로부터 무시당할 때, 일부 학부모가 막말로 상처를 줄 때, 학교에서 일방적으로 행사를 계획해 교사와 아이들이 무리하게 준비를 해야 할 때, 슬픔과 좌절에 빠진 학생을 바라볼 때, 관리자가 소통을 무시하고 막무가내로 일을 처리할 때, 아이들 사이에서 왕따 사건이 일어났을 때 등……

또한 학교의 업무를 분배하거나 가산점을 부여하는 방식에서 차별이 있거나 경력이 짧다고 같은 교사이면서도 인격적으로 동등한 대우를 받지 못할 때에도 교사로서 깊은 무력감에 빠진다.

이 중 교사에게 가장 큰 슬픔을 주는 것은 아이들이 변화하지 않을 때라고 대답한 교사가 가장 많았다. 이럴 때에는 자신이 목표를 지나치게 높게 잡은 것은 아닌지, 교사가 부모보다 더 큰 작용과 역할을 하려 한 것은 아닌지 점검할 필요가 있다. 동료 교사나 학부모에게 받는 비난에 대해서도 비난을 한 당사자 한 명이 모든 사람을 대표하는 것이 아님을 염두에 두어야 한다. 무엇보다 교사에게 슬픔이 생기지 않도록 서로가 다독여줄 필요가 있다. 동료 교사들은 서로의 이야기를 들어주고, 손을 잡아주어야 한다. 관리자는 학교 선생님의 슬픔을 읽어낼 수 있어야 한다.

교사의 슬픔이 학생들에게 전달되지 않도록 우리는 어떤 노력을 해야 할까? 교사는 학부모의 따뜻한 지지의 말 한마디에, 반 아이들의 미소 한 번에 슬픔이 눈 녹듯 사라지는 사람들임을 기억해야 한다. 하지만 아쉽게도 교사를 위로하고 다독일 학교 환경과 시스템은 없고, 교사의 마음을 녹일 프로그램이나 기관도 마땅히 없는 게 현실이다.

이런 '슬픔에 빠진 교사'와 '분노하는 학부모'가 만나면 어떻게 될까? 학부모의 비난에 교사는 더욱 좌절하게 되어 주눅 들고 힘들어하게 된다. 그리고 분노에 찬 학부모는 자신을 화나게 했던 실체를 보지 못하고, 교사에게 대신 분노를 토해낸다. 자신의 화가 어디에서 연유한 것인지 돌아볼 기회조차 갖지 못했기 때문이다. 어떤 이유에서든, 이런 관계에서는 학생이자 자녀가 손해를 볼 수밖에 없다.

협력과 대화의 부재는 늘 그릇된 결과를 낳는다. 아이들의 삶을 위해 서로 손을 잡지 못하는 이유는 무엇일까?

분노하는 교사와 슬픔에 빠진 학부모가 만나면 어떻게 될까? 무기력한 부모는 자녀가 선생님에게 상처받고 돌아와도 제대로 다독이지 못하고, 선생님에게 당당히 문제를 제기하지도 못할 것이다. 무기력한 학부모는 부당하게 아이를 향해 화를 표출하는 교사를 보면서 과거에 자신을 무력하게 만든 대상을 투사할 수도 있다.

슬퍼하는 교사와 슬퍼하는 부모가 만나면 어떻게 될까? 핵심 없는 이야기만 길어지고, 서로를 이해한다면서 과거의 슬픔만 되새기고 있지는 않을까? 해결점을 찾지 않는 두 사람의 대화는 마치 1+1 행사에 걸린 상품처럼 반값 정서만 나눌 공산이 크다.

관계가 어떻게 연결되고 조합되는지, 부모와 교사 모두 자신의 슬픔을 자녀와 학생에게 전달할 수 있음을 기억하자. 아이들은 슬픔보다 훨씬 값진 것을 받을 권리가 있고, 어른인 우리는 이들에게 더 가치 있는 삶의 순간을 물려주어야 할 의무가 있음을 잊어서는 안 될 것이다.

06
불안감

미리 하는 걱정, 예고된 불안

불안감은 미래와 관련된 감정이다. 아직 일어나지 않은 일에 대해 느끼는 생각과 감정이 불안감이라 할 수 있다. 예를 들어 '내가 버스를 놓치면 어쩌지?' '영화를 보는데 천장이 무너지면 어쩌지?' '엘리베이터를 탔는데 도중에 정전이 되어 멈추면 어쩌지?'처럼 일어나지 않은 일에 대해 미리 상상하고 그 상상이 커져 심리를 압박하는 상태다. 따라서 불안 심리는 사실 위험이나 위협을 경계하는 '두려움'과 밀접한 관련이 있다.

불안감이 위험한 행동을 줄이고 삶에 안정을 가져다주는 측면이 있다고는 해도 너무 심하면 문제가 된다. 학교에는 다양한 형태의 불안감이 존재하고 있으며 불안감으로 인해 크고 작은 일이 발생한다. 학생들은 시험 성적이 낮게 나오지 않을까, 내가 원하는 대학에 진학하는 데 실패하지 않을까, 단짝 친구와 헤어지지 않을까, 반 아이들이 나를 따돌리지 않을까, 부모님이 꾸중하시지 않을까 등 성적과 관계에 대한 불안감이 많다. 부모는 자신의 싫은 모습을 자녀들이 닮을까 봐 불안해하고 아이가 따돌림을 당하거나 성적이 떨어질까 봐 불안해한다. 늦은 시각까지 학원에 있다가 귀가하는 아이가 잘못될까 봐 불안해하고 사춘기에 접어든 자녀가 부모에게서 멀어질까 봐 불안해한다. 교사는 교사대로 반 아이들에게 휘둘릴까 봐, 관리자가 더 많은 일을 지시할까 봐, 동료 교사로부터 비난을 들을까 봐, 학부모가 교육청에 민원을 넣을까 봐, 평범한 교사로 퇴임하는 것을 남들이 초라하게 볼까 봐 불안해한다.

학교에는 이처럼 크고 작은 불안감이 늘 상주해 있는데, 더 큰 문제는 불안감이 생각과 행동에 영향을 미치게 된다는 점이다. 예전에 상담과 심리치료를 했던 한 학생은 친구에게 따돌림당하는 것이 두려워 자신에게 부당한 요구를 하는 친구들에게 'No!'라고 말하지 못하고 눈치를 심하게 보았다. 또 다른 학생은 시험 성적이 낮아 부모님께 꾸중을 듣자 심한 불안감에 시달리다 커닝을 하기도 하였다.

그런가 하면 어느 학부모는 2학년인 자녀가 친구들에게 혹시라도 따돌림을 당하지 않을까 하는 마음에 쉬는 시간마다 복도에서 교실을 지켜보았으며, 주위 어머니들이 보내는 학원은 다 따라서 등록해야 불안감을 떨쳐버릴 수 있다는 학부모도 있었다.

교사들은 또 교사대로 이런저런 불안감에 짓눌려 제대로 행동하지 못하고 속을 태우는 경우가 많았다. 상담에서 만난 어느 선생님은 강성인 학부모의 자녀가 학급에서 다른 아이들에게 피해를 주고 있는데도 학부모의 민원이 두려워 아이의 행동을 바로잡지 못하고 훈육하지 못하고 있었다. 또 다른 선생님은 반 아이들에게 인기가 있고 학부모들에게 인지도가 높은 옆 반 선생님을 보고는 자신이 상대적으로 초라해질 것을 불안해한 나머지 동료 교사에게 튀지 말고 조용히 지내라고 하기도 했다.

이처럼 불안감은 어느 집단을 막론하고 개인의 판단력을 흐리게 하고 적절하지 않은 행동을 야기한다. 그리고 그때의 행동은 새로운 사건과 감정을 또다시 발생시키게 마련이다.

1장에서 이야기했던 모빌 개념을 떠올려보자. 부모인 나 자신, 교사인 나 자신이 만든 불안감은 진동을 만들고, 이는 곧 내 자녀와 내 학생들에게 고스란히 전달된다. 어른인 내가 만든 불안감이 자녀와 학생이 만든 불안감보다 크고 강력하게 작용한다는 사실을 명심해야 한다.

과거와 좋게 결별하기

김수아 선생님은 함께 근무했던 선생님과 동료 교사들로부터 6학년 아이들이 저질렀던 여러 사건 사고를 들은 터였다. 그 뒤로 김수아 선생님에게는 6학년 담임을 맡으면 이와 비슷한 일이 생기리라는 걱정이 생겼다. 김수아 선생님은 미리 불안해졌고, 이에 따라 학년 배정을 할 때 6학년을 피해서 지망하게 되었다. 하지만 학년 배정과 관련된 점수가 낮은 탓에 6학년 담임에 배정되고 말았다. 김 선생님은 원치 않았던 일이 벌어지자 화가 났다. 그리고 선배와 동기들이 이야기했던 일들이 떠올라, 자신이 앞으로 맡게 될 6학년 반에도 그와 유사한 사건 사고가 일어나리라고 섣불리 예단하고 말았다.

이것에 덧붙여, 김 선생님은 부쩍 큰 아이들이 교육 경력이 짧은 자신을 만만하게 보지는 않을까 하는 생각까지 하게 되었고, 덩치가 큰 남학생들을 생활지도해야 한다는 것에 대한 두려움도 생겼다. 급기야 김 선생님은 학급을 운영하는 데 강한 규율을 부여하고, 학년 초에 학생들 앞에서 웃지 않겠다는 다짐을 하게 되었다. 반 아이들을 아직 만나보지도 않은 상태에서 아이들을 파악하려는 제대로 된 시도조차 하지 않고 아이들에게 벽을 쌓은 것이다. 아직 사건이 일어나지도 않았는데, 김 선생님의 불안감은 김 선생님 자신을 견고한 편견의 성에 가두고 말았다.

초등학교 5학년인 규철이는 수학여행에 참가 신청을 하지 못했다. 규철이는 평소 집과 학교를 차분히 오가며, 조용히 자리에 앉아 제 할 일을 잘하는 학생이었다. 하지만 수련회나 수학여행처럼 학교 밖에서 잠을 자야 하는 경우가 생기면 불안감이 증폭했다. 친구들을 생각하면 함께 여행을 가고 추억을 만들고 싶은 마음이 간절했지만, 뭔지 모를 불안감이 자신을 잡아끌었다.

규철이의 불안감은 어디에서 생겼을까? 규철이에게는 이런 트라우마가 생기게 된 과거의 사건이 있었다. 1년 전, 규철이는 배가 아파 선생님께 조퇴 신청을 하고 집으로 돌아갔다. 엘리베이터에서 내려 현관문을 열던 규철이는 그 순간 굳어지고 말았다. 어머니가 안방에 쓰러져 있었기 때문이다. 규철이는 재빨리 119에 전화를 걸었고, 어머니를 병원으로 모실 수 있었다.

나중에 밝혀진 진위는 규철이의 어머니가 약을 먹고 자살을 시도한 것이었다. 평소 규철이의 어머니는 남편과 자주 다투었고, 이로 인해 심각한 우울 상태에 빠져 있었다. 규철이는 어머니가 돌아가실까 봐 펑펑 울었다. 규철이가 그날따라 조퇴를 하게 되어 정말 우연히 어머니의 목숨을 구할 수 있었지만, 그날 이후 규철이의 내면에는 자신이 학교에 있는 동안 어머니가 혹시라도 돌아가시면 어떡하나 하는 마음이 강하게 자리 잡게 되었다.

규철이는 어머니가 힘들지 않도록 어머니 앞에서 과도하게 웃고, 어머니가 원하는 아들이 되려고 무던히 노력했으며, 어머니 곁에서 멀리 벗어나려 하지 않았다. 아버지로부터 어머니를 지켜야 한다는 신념이 자신도 모르게 생겼고, 아버지에게 분노가 생겼다. 그와 더불어 규철이에게는 어머니가 잘못되면 어쩌나 하는 불안감이 늘 자리를 잡게 되었다.

"

위의 두 경우를 살펴보자. 김수아 선생님은 선배와 동기들이 만든 불안감이 전달된 경우라 할 수 있다. 동료 교사들은 김 선생님에게 격려의 말을 건네주거나 힘을 실어주지 못했다. 오히려 6학년이 얼마나 힘든 학년인지를 지속적으로 이야기하며 김 선생님에게 선입견을 심어주었다. 이로 인해 김 선생님은 불안감에 빠졌지만, 사실 주위의 이야기는 표면적인 원인이라고 할 수 있었다.

김수아 선생님은 자라나면서 많은 관계를 경험하지 못한 사람이었다. 학창 시절에도 여럿이 두루두루 어울리기보다는 단짝 친구

한두 명하고만 깊이 사귀는 편이었다. 적극적이고 활발한 성격이 아니어서 생활 동선은 학교와 학원, 집이 전부였다. 1997년 IMF 사태가 닥쳤을 때 사업에 실패했던 부모님은 딸이 안정적인 생활을 하기를 바라는 마음에 초등학교 교사가 되기를 제안했다. 가정이 경제적으로 위기를 겪자 김 선생님도 부모님의 뜻이 옳다고 믿었고 학원과 독서실을 오가며 열심히 공부했다. 그렇게 노력해서 교육대학교에 합격했지만, 대학에서도 경쟁은 계속되었다. 좋은 학점을 위해서, 그리고 임용고사를 치르기 위해서 대학교에서도 줄곧 팽팽한 긴장감 속에서 보내야 했다. 대부분의 시간을 도서관에서 공부하며 지냈고, 학과 과제와 실기 고사에 집중했다.

김수아 선생님은 지금까지 교대를 위한 목표와 이후 교사가 되기 위한 목표에 매진해왔다. 교대에 진학하지 못하면 어쩌나, 부모

님을 실망시키면 어쩌나, 원하는 성적과 학점을 받지 못하면 어쩌나, 임용고사에 떨어지면 어쩌나…… 늘 크고 작은 불안감을 쌓으며 현재의 자리에 이르렀다. 이렇듯 과거에 겪었던 불안감이 습관처럼 굳어져, 학교생활에도 이어진 것이다. 게다가 다양한 사람과 관계를 맺지 못했고, 어른이 되었다고는 하나 삶의 경험도 매우 제한적이어서 정작 학교에 부임해 사회생활을 시작했어도 여러 면에서 미숙한 것투성이었다. 김 선생님의 불안은 어쩌면 예고된 것이었는지도 몰랐다.

규철이의 경우에는 트라우마가 불안감을 조성한 경우다. 어머니의 자살 시도가 아들에게 불안감을 심어주고 착한 아들이 되도록 강요했다. 이로 인해 규철이는 자신이 원하는 삶을 살지 못하고 어머니가 원하는 삶을 살고 있었다. 규철은 어머니가 삶을 떠나가지 못하도록 뒤에서 어머니를 꽉 붙들고 있었다. '어머니 대신 제가 아프면 좋겠어요.'라는 기도로 줄곧 살아가는 열두 살 소년의 애처로운 모습이, 규철이의 현재 모습이었다.

규철이 어머니는 어째서 사랑하는 아들을 두고 자살을 시도했을까? 그녀는 바람을 피우고 도박과 술에 빠져 살았던 그녀의 아버지와 전혀 다른 사람과 결혼하는 것이 목표였다. 어느 날 한 남자를 만났고, 술을 마시지 않는다는 사실에 호감이 갔다. 이후 그 남자와 결혼을 하게 되었는데, 원했던 것처럼 행복한 결혼 생활이 찾아오지 않았다. 규철이의 아버지는 찢어지게 가난한 집에서 태어나 살았던 기억 때문에 인생의 목표가 '돈'이었다. 따뜻하고 화목한 결혼 생활을 꾸리기보다는 사업에 매진했고, 무리하게 일을 벌였다. 규철이 아버지의 목표는 오로지 자산가가 되는 것이었다. 결국 바깥으로만 다니던 아버지는 다른 여자를 만나게 되었고, 규철이의 어머니는 남편에게서 그토록 싫어했던 친정아버지의 모습을 보게 되었다. 좌절감과 우울함이 그녀를 덮쳤고, 원치 않은 삶을 살게 된 데 후회가 밀려왔다. 결국 아버지와 비슷한 남자를 만나고 말았다는 자책은 그녀를 괴롭혔고, 자살 충동에까지 이르게 된 것이다.

그러나 규철이의 어머니는 자살 시도를 아들에게 들키고 난 뒤 정신이 번쩍 들었다. 그제야 친정아버지와 남편에게만 쏠려 있던 시선이 아들에게로 향했으며, 이대로 살아서는 안 되겠다는 자각을 하기 시작했다.

규철이의 불안감은 어머니로부터 왔을까 아버지로부터 왔을까? 아니면 규철이 어머니의 친정아버지나 규철이 아버지의 부모로부터 온 것일까? 한 개인에게 생긴 불안감은 하나의 요소로 결정되지는 않는다. 규철이에게서 보듯이, 대를 이어 내려오는 가족들의 일화 하나하나가 배우자를 결정하고 부모가 되어 양육의 태도를 결정하는 데 영향을 미치는 것이다. 한 개인의 인생을 좌우하는 삶의 전반적인 태도는 나의 과거뿐만 아니라 부모와 조부모의 과거로부터 죽 이어져 내려오는 인과의 고리와 같다. 현재의 삶에 복합적으로 작용하며 영향을 끼치는 것이다.

앞으로 규철이는 어른이 되어서도 어머니와의 거리를 두지 못하고 '어머니의 아들'로 살게 되며, 자신의 과거 경험과 그 과정에서 주로 흡수한 감정을 토대로 배우자를 찾을 것이다. 그리고 자녀를 양육할 때에도 과거의 경험과 감정이 복합적으로 작용하여 변형된 형태의 불안감을 자녀에게 전달할 가능성이 높다.

김수아 선생님은 불안감을 없애기 위해 심리극 치료를 결심했다. 심리극 속에서 불안감을 세우고, 불안감과 손을 잡는 자리를 마련했다. 김 선생님은 불안감이 있었으므로 자신이 어떤 발전을 했는지를 찾아냈고, 이에 따라 불안감이 나쁜 것만이 아니라 자신이 성장하는 데 원동력이 되었다는 교훈을 얻는 시간을 가졌다.

규철이네는 먼저 어머니부터 심리극을 시작했다. 규철이 어머니에게 자신의 과거 경험을 되살리고 현재의 남편을 이해하도록 하는 순간을 마련했다. '가족 세우기'의 치료 안에서 남편의 눈을 바라보고 "당신은 제 아버지가 아닙니다. 당신은 제 남편일 뿐입니다. 저는 당신의 아내로 자리하겠습니다."의 문구를 따라 하도록 했다. 이렇게 함으로써 규철이의 어머니는 자신의 자리를 확인하고 과거 부모님의 삶을 인정하는 절차를 밟았다. 그리고 부모를 잡고 있던 끈을 놓았다.

규철이는 어머니가 참여하는 심리극을 보면서 어머니가 그녀의 부모로부터 연결된 끈이 있었음을 눈으로 확인했고, 어머니의 아픔을 공감하게 되었다. 어머니가 행복을 찾아가는 발걸음을 떼자,

규철이도 자신의 삶을 향해 한 걸음씩 발을 내딛고자 시도할 수 있었다.

규철이는 또한 역할 바꾸기를 통해 어머니의 눈과 생각으로 자신을 바라보며 어머니가 괜찮다는 사실을 확인했다. 마지막으로 규철이는 어머니의 품에 안겨 따뜻함과 안정을 느끼며 과거의 기억을 흘려보내는 작업을 진행하였다. 김 선생님과 규철이 모자 모두, 심리극으로 과거의 불안함을 벗어버리고 현재의 삶 속으로 용기 있게 걸어 들어갈 수 있는 힘을 얻을 수 있었다.

과거와 좋게 결별하는 일, 이것이야말로 현재의 삶에 충실히 뿌리 내릴 수 있는 첫걸음이라 할 수 있다.

거리를 두고 사랑하는 방법

> 30대 초반인 김수연 선생님은 반 아이들과 좋은 관계를 유지하고 있었고 좋은 선생님이 되고 싶은 마음이 많았다. 그런데 결혼 후에 아이를 갖게 되면서, 일과 육아를 병행하다가 좋은 엄마가 되지 못하면 어쩌나 하는 불안감이 생기고 말았다.

김수연 선생님을 위해 의자를 하나 놓고 심리극의 역할 바꾸기를 시도했다. 그 의자에 앉으면 미래에 태어날 자신의 딸이 되기로 김 선생님은 약속했다. 김 선생님은 미래의 딸아이 이름을 '사랑'이라고 지었다.

"사랑이는 언제 태어나서 엄마를 만나고 싶어?"

"내년에 엄마를 만날 거예요."

엄마를 빨리 만나고 싶어 하는 사랑이에게 태어나서 엄마랑 무엇을 하고 싶은지 물어보았다. 사랑이는 여행도 가고 싶고, 사진도 찍고, 맛있는 것도 먹고 싶다고 답했다. 다음으로 사랑이에게 중요한 질문을 던졌다.

"사랑아, 아직 태어나기 전인데, 엄마에게 가도 되겠다는 생각이 들어? 엄마를 보니까 어때?"

그러자 사랑이의 역할을 맡은 김수연 선생님은 이렇게 답했다.

"엄마가 저를 부담스럽게 생각하고 있어요."

역할극에서 나타나듯, 김수연 선생님은 자신이 과연 좋은 엄마가 될 수 있을지 불안한 마음이 커서 마음을 진정하지 못하고 있었다. 엄마가 된다는 것은 누구에게나 기쁘고 가슴 벅찬 일이지만, 그렇다고 해서 누구나 다 쉽고 거침없이 엄마의 대열에 합류하는 것은 아니다. 때로는 엄마가 된다는 사실 자체로 지나친 부담을 느껴 걱정에 빠지는 여성도 있기 마련이다. 그렇다면 김수연 선생님 같은 예비 엄마를 누가 위로해주어야 할까? 모성의 불안감은 아기에게 전달될 수밖에 없다. 따라서 김수연 선생님의 불안을 잠재울 필요가 있었다.

우선 김수연 선생님을 사랑이의 역할에서 빠져나오게 한 뒤, 아이가 되어본 느낌을 물어보았다. 그녀는 확신하지 못하고 불안해하는 자신의 모습을 확인할 수 있었다고 대답했다. 김수연 선생님의 뒤쪽에 불안감에 해당하는 인물을 상징적으로 서게 한 뒤, 김수연 선생님의 어깨를 짓누르도록 했다.

"이 불안감이 아이 때문에 붙어 있나요? 아니면 불안감이 내 어깨에 붙어 있기 때문에 내 삶에서 일어나는 모든 일에 불안감이 드는 것인가요?"

내 질문에 그녀는 오래전부터 불안감이 옆에 붙어 있었기 때문에 그렇다고 대답했다.

김수연 선생님의 불안은 삶의 전반에 걸쳐 있었다. 학교에서 업무를 볼 때도 불안감에서 헤어나오지 못했으며, 사소한 결정을 내릴 때에도 늘 불안감을 떨쳐버리지 못했다. 보험 계약을 하거나 집을 장만할 때에도 많은 고민에 빠졌고, 확실한 결정을 못 내리고 자신의 선택에 대해 불안해할 때가 많았다.

"이 불안감은 언제부터 선생님 뒤에 붙어 있었나요?"

그녀는 고등학생 때, 친구와의 관계 속에서 불안감이 생겼다고 답했다. 하지만 좀 더 깊은 심리에 들어가자, 부모와의 관계 때문에 생긴 불안감이 내면에 자리하고 있었다.

김 선생님의 상담은 짧은 시간의 워크숍에서 진행된 심리극이기 때문에 장면 장면을 요약해서 접근할 필요가 있었다. 그녀를 대신할 한 사람을 세우고 불안감을 연결한 뒤, 그 불안감과 앞으로 태

어날 미래의 아이를 천으로 연결했다. 불안감이 그녀를 잡아끌면 그 뒤에 있는 자녀도 함께 끌려가는 모습을 김 선생님 자신이 똑바로 보도록 했다. 김 선생님은 이 장면이 매우 충격적이라고 하면서 빨리 불안감을 떼어내고 싶어 했다. 하지만 우리 삶에서 불안감을 모조리 사라지게 할 방법은 없다.

심리극은 김 선생님이 불안감으로 인해 힘들어하긴 했지만, 그 덕분에 공부를 열심히 할 수 있었고 이 자리에 서게 되었음을 알 수 있도록 유도했다. 불안감으로 인해 생긴 좋은 점들을 생각해보도록 했고, 불안감과 심리적인 거리를 둘 수 있도록 명분을 찾는 과정을 밟기로 했다. 김 선생님은 곰곰 생각에 잠기더니 자신의 불안감에게 이야기를 걸기 시작했다.

"지금까지 내가 성장할 수 있게 해주어 고마워. 그러나 이제는 다른 곳에서 그 힘을 얻을 거야. 이제 너와 거리를 둘 거야. 그게 앞으로 태어날 아이에게 좋은 엄마가 되는 길이기도 하고, 내가 좋은 선생님이 되는 길이기도 해!"

김 선생님은 조심스럽게 불안감을 밀어냈다. 그리고 사랑이를 보고는 이렇게 말했다.

"사랑아, 저 불안감과 거리를 두는 것은 너에게 조금 더 가깝게 가는 것이기도 해. 너를 바라보며 힘을 낼 거야."

김 선생님이 사랑이에게 한 말은 곧 자기 자신에게 하는 말이기도 했다.

김수연 선생님의 이야기에서도 알 수 있듯이, 현재 불안감으로 괴롭다면 그 원인은 현재의 사건에서만 발생한 것이 아니라는 점이다. 심리극을 통해 내면 깊숙한 곳으로 들어가 보면 어린 시절의 기억, 좀 더 근원적인 내면의 기억이 똬리를 틀고 있음을 알게 된다. 불안감을 치유할 수 있는 가장 좋은 방법은 불안감이 생긴 근본 이유를 찾아보고, 부모와 함께 용서와 이해의 시간을 갖는 것이다. 물론 선생님을 대상으로 한 연수나 심리 프로그램에서는 깊이 있는 이야기를 나누고 치유의 시간을 갖는 데 한계가 있다. 따라서 짧은 시간일지라도, 한 걸음씩 자신의 내면을 들여다보는 기회를 갖는 것만으로도 큰 성공이라고 생각한다.

부모 된 마음으로 자기 자신 들여다보기

앞에서도 이야기했지만 불안감(anxiety)은 두려움(fear)과 비슷한 감정이다. 따라서 불안감에만 초점을 맞추지 말고 이를 둘러싸고 있는 두려움도 함께 살펴봐야 한다. 시험 성적이 낮게 나오는 것에 대한 불안감은 부모에게 꾸중을 들을까 봐 두려운 마음이 같이 포함되어 있다. 아이들은 불안감을 없애려고 열심히 공부하고, 성적을 올릴 수 있는 대안을 찾고, 조언을 구할 수 있다. 하지만 정반대로 두려움 때문에 부모에게 점수를 부풀려 거짓말하고, 상황을 회피하고 외면함으로써 사태를 더 악화시킬 수도 있다. 아이들에게 적당한 불안감은 성취를 위한 동기와 에너지로 사용할 수 있음을 주지시키자. 그리고 불안감이 증폭될 때에는 그 자리에서 멈추고 주변에 도움을 구해야 한다는 사실을 알려주어야 한다. 불안감이 너무 크면 문제가 된다. 해야 하는 공부에 100퍼센트 집중하지 못하고 아직 일어나지 않은(꾸중 들을 상황 등) 일을 상상하며 30~50퍼센트의 에너지를 사용한다면 결과는 불을 보듯 뻔할 것이다.

따돌림이 두려운 학생은 두려움과 불안감을 낮추기 위해 친구들의 눈치를 볼 수 있다. 왕따를 당한 아이들의 소원은 다시 '따돌림을 당하지 않는 것'이다. 혼자 있는 것이 싫고 과거의 따돌림당한 기억이 악몽과도 같아, '타인이 원하는 대로' 자신을 맞추게 된다. 그래서 친구들이 심한 요구를 해도 거절하지 못하고 예스맨이 되기 쉽다. 때로는 따돌림을 받지 않기 위해 따돌림하는 그룹에 들어가 자신이 예전에 당했던 그 악몽을 다른 친구에게 돌려주기도 한다. 불안감을 제대로 다스리지 못한 결과 더 큰 오류에 빠지는 것이다.

학부모 대상 프로그램을 진행하면서 알게 된 사실은 부모들이 주변 부모의 불안감을 들이마시는 경우가 많다는 것이다. 내 자녀의 미래에 대해 소신을 가지고 자녀가 원하는 삶을 그려볼 수 있는 학부모가 그다지 많지 않음을 해가 갈수록 절실히 느낀다. 부모가 자녀 얼굴에 피어나는 미소를 바라보지 못할 때, 이게 자녀의 불안감인지 부모인 나의 불안감인지를 잘 헤아려 보아야 한다. 내 아이 주변의 아이들이 대부분 특정한 학원에 다닐 때 우리 아이는 괜찮다며 소신껏 아이를 믿어줄 수 있는지, 아이가 수학 점수를 50점 받아왔을 때 공부를 좀 더 하면 되겠다고, 다음번에는 좀 더 잘 볼 수 있으리라고 기다려줄 수 있는지를 곰곰이 생각해보아야 한다. 완벽한 자녀를 기대하지 않는 것, 그리고 내 아이가 조금은 느리지만 그래도 건강하고 꿋꿋하게 자라날 수 있으리라 믿으며 부모 된 마음으로 자기 자신을 들여다보자. 가끔씩 극단적인 생각을 하는 아이들이 왜 부모에게 도움을 요청하지 못하는지, 왜 부모인 내가 큰 기대감으로 자녀를 힘든 상황으로 밀어 넣는지에 대해 어른 각자가 진지하게 고민하지 않는 한 아이들의 불행한 미래와 불안한 정서는 해결되지 않을 것이다.

교사 또한 불안감을 적절히 이용할 방법을 찾아야 한다. 교사 중

일부가 승진에 목숨을 건(?) 나머지 동료에게 상처를 주고 반 아이들을 도구로 이용하는 경우가 있다. 이들의 행동은 미래에 남보다 뒤처지지 않을까 하는 불안감에서 출발한 것이다. 하지만 이런 소모적인 경쟁 심리로는 아무리 애를 써도 미래에 대한 불안감을 떨쳐낼 수 없다. 승진을 목표로 한 사람들이 퇴직 후 허망하게 살고 있는 경우를 가끔 보는데, 그렇다면 결국 이들의 허망함은 승진이 진정한 삶의 목표가 아니라는 것을 뜻한다. 불안을 자양분으로 얻어낸 삶의 목표는 그만큼 유통기한이 짧은 것이다. 인생에서 의미 있는 '나'를 만들기 위한 방법은 무엇이 있는지, 내 불안감을 사라지게 할 묘책은 무엇인지, 인생 전반에 걸쳐 진지하게 생각해보아야 한다.

불안감은 다른 사람에게 쉽게 전염된다. 학교는 구조적으로 불안감이 가득한 선배들이 자신을 보호하기 위해, 때로는 남들 위에 서기 위해 말과 행동으로 상처를 전달하면서 후배들에게 불안감을 전달하기 쉬운 곳이다. 최근에는 '학교폭력가산점'을 저학년의 부장교사들이 받도록 학교 내의 규칙을 인위적으로 변경시키는 시도가 일부 학교에서 있었다. 이런 경우가 바로 불안감을 아래로 전달하는 전형적인 사례라 할 수 있다. 관리자의 불안감이 높으면 (앞에서 말했던 모빌의 형태와 같이) 학교 전체를 흔들게 된다. 다른 관리자들보다 자신이 낮게 보일까 봐 불안한 마음에 보여주기 식의 운영을 늘리거나 결과가 조금만 좋지 않아도 교사들을 불러 꾸중을 하는 일도 역시 불안감이 많기 때문이다. 신규 교사들은 그들대로 경험이 없다 보니 불안할 수밖에 없다. 학교의 선배 선생님들은 실패담을 이야기하기보다 성공했던 기억과 좌절을 극복했던 이야기를 나누고 들려주어야 한다. 함께 마음을 나누고 서로를 돌아볼 때 불안감도 잦아들고 불안감이 긍정적인 에너지로 바뀔 수 있음을 기억해야 한다.

건물에 금이 갔을 때 재빨리 알아차리고 손을 쓰려고 마음을 먹으면 적은 비용과 시간으로 금이 간 곳을 메울 수 있다. 하지만 시간이 지나 틈이 조금씩 벌어지고 더 많은 금이 건물 외벽에 생기게 되면 많은 비용과 시간을 투자해야 건물을 복원할 수 있다. 불안감이 느껴지거든 회피하기보다 나를 다독이고, 그 불안감으로 할 수 있는 일을 찾아보자.

07
수치심

수치심에 대해 이야기하려면 우선 수치심을 두 범주로 나누어 살펴볼 필요가 있다. 수치심은 크게 타인의 시선에 의해 생긴 것과 내면에 내재된 것으로 나눌 수 있다. 전자는 비교와 평가 등으로 창피를 당한 사건이 중심이 되는 반면 후자는 자신을 가치 없다고 생각하는 내면의 상처와 관련이 있다. 학교에 자리 잡은 수치심을 생각할 때는 보통 전자의 경우가 많다.

학교, 수치심의 바다

혜은이는 고등학교 2학년이 되면서 취직 준비를 하려고 토익 시험에 도전했다. 시험 점수는 중간이었다. 혜은이는 자신의 실력을 가늠해보려고 시험 삼아 봤던 터라 절반의 점수를 맞은 것이 부끄럽지 않았고 다음 시험을 위해 무엇을 해야 할지 계획을 세우는 중이었다. 그런데 혜은이의 점수를 알게 된 담임 선생님이 반 친구들이 모두 있는 곳에서 공개적으로 "그 정도 토익 점수는 개도 맞겠다."라고 비웃었다.

혜은이는 자신의 계획과 목표에 대해 이야기할 기회도 없이 담임 선생님과 친구들에게 망신을 당하고 말았다. 자신의 마음을 몰라주고 함부로 평가한 담임 선생님에게 화가 났고, 친구들 앞에서 비웃음거리가 되어 슬프고 치욕스러웠다. 슬픔과 화가 함께 자리를 잡았고 얼굴이 화끈거렸다. 혜은이는 제멋대로 이야기하는 담임 선생님에게 '함부로 말하지 마세요!'라고 말을 해야 했다. 그러나 마음뿐 실제로 혜은이는 꿀 먹은 벙어리처럼 속절없이 모욕을 당하고 말았다. 그 순간 혜은이에게 '수치심'이 생겼다. 혜은이는 속상한 마음에 눈물만 뚝뚝 흘릴 뿐이었다.

50대 후반인 이기순 선생님은 학교 성과금 결과를 보고 수치심을 느꼈다. 1년간 6학년 학생들을 위해 최선을 다해 가르치고 지도했는데, B등급을 받게 된 결과를 도저히 받아들일 수 없었다. 상위 등급과 100만 원이나 차이가 나는 등급 결과에 자존심이 상하고 화가 났다. 6학년을 지도하느라 정신이 없었고 학교 행사가 많아 일에 치여 연수 시간이 부족한 것이 화근이었다. 하지만 그것보다 기준표에 자리 잡은 부장/보직교사 유무, 학교 업무 기여도 등에 따라 S등급(최상위)에 부장교사만 올라와 있는 것을 보고 부당하다는 생각도 들었다. 직원회의 시간이 끝날 무렵 이기순 선생님은 성과금 선정 결과에 대해 정식으로 문제를 제기했다. 그런데 갑자기 교장 선생님이 벌떡 일어나시더니 이기순 선생님에게 버럭 소리를 지르는 것이 아닌가?

60대 초반이신 김말자 교장 선생님은 이기순 선생님에게 그런 사안은 교장실에 와서 따로 전하든지 교감 선생님을 통해 전달해야지 전체 직원이 있는 곳에서 발언하는 건 크게 잘못되었다며 교사의 자질이 없다는 등의 폭언을 서슴지 않았다. 김 교장 선생님은 성과금 결과에 불만을 품은 것은 교장의 권위에 대한 심각한 도전이라며 회의장 문을 열고 밖으로 나가버렸다.

이기순 선생님은 황당했고, 동시에 속도 상했다. 성과금 선정 과정에 대해 문제를 제기할 필요가 있다는 생각은 자신뿐 아니라 다른 교사들도 공유한 터였고, 이 부분을 공식 회의에서 거론하는 것은 당연한 절차였다. 그런데 교장 선생님은 '교사의 자질'까지 운운하며 정색을 하고 나선 것이다. 이 선생님은 교장 선생님의 반응이 몹시 불쾌했으며, 이해할 수도 없었다. 일은 거기서 그치지 않았다. 그 뒤 다른 학교 선생님으로부터 김말자 교장 선생님이 자신을 자질이 부족한 교사로 평가하고 있다는 소문을 전해 들으면서 이 선생님의 화는 분노와 수치심으로 바뀌고 말았다. 그러나 이기순 선생님은 이 문제를 정식으로 제기할 용기를 내지 못했다. 곧 학교를 옮길 일만 생각했고, 교장과 최대한 멀리하면서 학교생활을 했다. 이 선생님은 다른 학교로 옮기고 몇 년이 지난 지금도, 그때를 생각하면 참을 수 없는 수치심을 느끼곤 한다.

4월이 되자 태진이 어머니는 담임 선생님에게 상담 신청을 했다. 학기 초에 실시하는 학교 상담 주간이었던 데다가, 이제 4학년이 된 태진이가 학교생활을 잘하고 있는지 궁금했던 것이다. 태진이 어머니는 전해에 이혼을 했다. 그리고 생계를 위해 일을 시작하게 되면서 태진이를 저녁까지 학원에 보내야 했다. 안팎으로 환경이 많이 달라진 태진이가 잘 적응하고 있는지 걱정되는 마음이 컸기에 태진이 어머니는 상담 날을 기다렸다.

상담이 있던 날, 태진이 어머니는 직장에 외출 신청서를 제출하고 학교로 갔다. 교실에서는 태진이의 담임인 박민철 선생님이 기다리고 있었다. 상담이 시작되자 박민철 선생님은 태진이가 저지른 사건 사고를 들려주셨다. 태진이는 친구를 때리고 수업 중에 돌아다니고 친구 얼굴에 침을 뱉는 등 행동에 문제가 있었다. 이야기를 듣던 태진이 어머니는 얼굴이 붉게 달아올랐다. 아들의 행동에 속상했고, 화도 났다. 그리고 너무 가혹하게 있는 그대로를 전하는 선생님에게도 서운한 마음이 들었다.

태진이 어머니는 태진이의 행동이 이혼 후에 찾아온 일시적인 변화일 거라고 생각했다. 부모의 결별과 곧이어 아빠의 부재를 겪고 있는 태진이가 아무래도 마음이 혼란스러워 학교생활에 지장을 받고 있는 것이라 생각하고 싶었다. 담임 선생님께 도움을 받고 싶었던 태진이 어머니는 어렵게, 작년에 아이 아버지와 이혼한 사실을 털어놓았다. 그러자 담임 선생님은 지금까지 태진이의 모든 행동이 한순간에 이해된다는 식으로 고개를 끄덕였다.

"아, 그래서 태진이가 그랬던 거군요."

그 순간 태진이 어머니는 이 모든 일이 자기 책임이라는 생각이 들었다. 우리 모자가 처한 상황이 매우 잘못되고 결핍된 상태이며 동정을 받아야 하는 처지인가 하는 데 생각이 미치자, 수치심이 생겼다. 태진이 어머니는 더 이상 진솔하게 상담에 임할 수가 없었다. 서둘러 상담을 마무리하고 일터로 돌아갔다. 앞으로 담임 선생님이 태진이를 이혼녀의 아들로 바라볼 생각을 하니 마음이 답답

했다. 태진이가 실수라도 저지르면 이게 다 이혼 가정 탓이라고 단
정할까 봐 속상했다. 담임 선생님이 모든 걸 다 이해하겠다는 듯
고개를 주억거리던 장면이 자꾸만 떠올랐다. 속상하기도 했지만
동시에 화도 났다. 그날 집에 돌아온 태진이 어머니는 자신도 모르
게 아들에게 학교생활 제대로 하라고 소리를 버럭 지르고 말았다.

,,

수치심이 수치심을 낳고

학교에서 수치심은 일상적으로 생길 수 있는 감정이다. 학교생
활, 가정생활, 교직원 생활이 거미줄처럼 얽혀 있어, 서로에게 상처
를 주고 상처를 입기 쉽다. 수치심은 대개 타인과의 관계에서 발생
한다. 상대방이 자신을 바라보는 시선, 낮은 평가 등에서 수치심이
싹트고 자라는 것이다.

그러나 가만히 들여다보면, 여기에도 강자와 약자의 구도, 높은
자와 낮은 자의 위계가 자리하고 있음을 알 수 있다. 그리고 수치
심을 느끼는 가운데 화(분노)와 함께 슬픔도 동시에 자리 잡아 매
우 복합적인 감정으로 발전되는 것을 볼 수 있다.

수치심은 오로지 인간관계 속에서만 자리하는 감정이라고 한다.
아이들 사이에서는 또래 집단 내에서 집이 부유한 정도, 외모 등으
로 남을 함부로 평가해서 상대에게 수치심을 안겨주기도 하고, 무
리에서 따돌리거나 성적인 비하를 서슴지 않으면서까지 자신이 당

한 수치심을 애꿎은 타인에게 돌리기도 한다.

학부모는 자녀의 성적이나 주변 학부모의 경제력을 비교하면서 수치심을 느끼며, 교사는 학생과 학부모에게 심한 말을 듣거나 성과금 결과, 공개 수업 평가 결과 등에 따라 수치심을 느낄 수 있다. 어느 집단이든 수치심이 생기면 슬픔이 생기고, 그 상태가 심해지면 우울함이 자리 잡게 된다.

그러나 수치심을 느끼는 상황에 대해서 조금 더 깊게 바라볼 필요가 있다. 혜은이의 담임 선생님, 김말자 교장 선생님, 태진이의 담임 선생님은 어떻게 해서 상대방에게 수치심을 심어주게 되었을까? 혜은이가 낮은 토익 점수를 받아왔을 때 "그 점수는 개도 맞겠다."라는 말이 아니라 "다음번 시험은 이번보다 조금만 더 맞으면 성공하는 거야."라며 멋지게 응원할 수 있었을 텐데, 어째서 그 순간 수치심을 유발하는 말이 튀어 나왔을까? 성과금에 대한 이기순 선생님의 말을 듣자마자 왜 김말자 교장 선생님은 화를 내면서 '권위에 대한 도전'이라고 생각했을까? 태진이 담임 선생님은 이혼한 태진이 어머니의 속상한 마음과 도움받고 싶은 마음을 헤아릴 생각은 하지 않고, '이혼 가정'이라는 단어를 듣는 순간 다 알겠다는 듯이 '그럴 줄 알았다.'는 비언어적 메시지를 보내게 되었을까?

그들은 상대방에게 따뜻함을 보이거나 우회적인 해결책을 제시할 수 있었고 고개를 들어 마음을 열게 할 수 있었다. 의미 있는 사람이 될 수 있었을 텐데, 어째서 그러지 못했을까? 사실 그들 자신에게도 이유가 있었다. 그들에게 자리 잡은 대화, 행동, 패턴이 있었고, 오래된 상처가 있었다. 이제 이들의 이야기로 들어가 보자.

"

혜은이의 담임인 김종필 선생님에게는 콤플렉스가 있었다. 40대 중반의 나이였지만, 늘 나이보다 늙어 보였다. 학창 시절에도 외모와 안짱다리 때문에 친구들에게 놀림을 많이 받았고, 어른이 되어서도 인기가 별로 없었다. 교사가 된 지금도 아이들에게 인기가 별로 없는, 그저 그런 선생님이었다. 곱슬머리에 얼굴 가득 수염이 난 터라, 아이들은 김 선생님을 드래곤볼에 나오는 캐릭터를 따 '미스터 사탄'이라고 불렀고 뒤에서는 '변태필'라고 불렀다. 김종필 선생님은 학생들이 자신을 그렇게 부르는 것을 알고 있었고, 그래서인지 아이들이 속닥거리거나 웃는 소리가 들리면 마치 자신을 변태라 부르며 놀리는 듯해서 아이들이 자신을 무시한다는 자격지심에 빠졌다.

외모 때문에 스트레스를 받게 되면서 김 선생님의 내면에는 '수치심'이 자리 잡았다. 김종필 선생님의 수치심은 자라나면서 수없이 많이 들었던 놀림과 그로 인해 생긴 수치심(여전히 기억 속에 남아 있는)과 연결되어 있었다. 그래서 김종필 선생님은 아이들이 자신을 무시하지 않도록 '권위'를 세워야 했고, 영화 속의 조폭과 같은 소위 '가오'를 잡아야 했다. 그는 학생들을 무시하고 깔아뭉개야 자신이 무시당하지 않는다고 생각했다. 자신에게 변태, 미스터 사탄 같은 별명을 붙인 학생들에게 자신이 받았던 수치심을 고스란히 돌려주어야 한다는 마음이 있었다.

김종필 선생님의 부모님도 김 선생님의 수치심에 한 몫을 더했다. 김 선생님이 친구들로부터 '애늙은이'라는 별명을 듣고 속상해서 집에 돌아오면, 부모님은 "어디서 괴물 같은 놈이 태어나 병신 같은 짓만 당하고 오느냐!"며 구박을 했다. 가장 힘이 되어주어야 할 부모마저 자신을 보듬어주지 못한 기억이, 김 선생님에게는 상처와 수치로 자리를 잡았다. 부모와 친구들이 만든 수치심의 뿌리는 김 선생님이 자라면서 함께 자라났다.

김말자 교장 선생님은 일곱 살 때 아버지를 여의었다. 어부였던 아버지가 파도에 휩쓸려 돌아가시자, 맏딸이었던 김말자 선생님은 어린 나이에 어머니를 도와 일을 하면서 두 동생까지 돌보아야 했다. 아버지 대신 바다에 나가 일을 해야 했던 어머니는 늘 피곤해했고, 맏딸에게 엄했다. 같이 어부 일을 하던 동네 아저씨 중 한 분이 늘 김말자 선생님의 어머니에게 '과부'라며 시답잖은 농지거리를 던졌다. 어느 날은 술에 취해 대문을 두드리기도 하였다.

어린 그녀는 그런 시간이 무서웠고, 삶에 지쳐 눈물을 흘리며 소주잔을 기울이는 어머니를 바라보며 '힘이 있는 사람'이 되어야 한다고 굳게 마음먹었다. 형편에 맞게 사범대학교에 진학한 그녀는 교사가 되었고 '힘'을 갖고자 하는 욕구는 자동적으로 작동되었다. 그녀는 승진을 위해 점수를 확보하는 데 온 힘을 다했고, 다른 선생님의 점수까지 가로챘다. 자신을 약하게 보거나 깔아뭉개는 상대방에게는 더 큰 힘으로 상처를 주었고, 반 아이들의 반항적인 눈빛도 가차 없이 처단했다. 결혼을 했지만 마음속에는 승진에 대한 욕구가 더 강해서 밤늦게까지 일을 하고, 관리자가 요구하는 것에 더 많은 에너지를 쏟았다. 그녀는 힘을 위해서 장학사, 교감이 되는 길을 선택했고, 나중에 그토록 원하던 교장이 되었다.

하지만 교장이 된 뒤에도 '힘'에 대한 욕구는 계속해서 그녀에게 자리 잡았다. 자신이 근무하는 학교가 다른 곳에 비해 좋은 평가를 받아야 한다고 생각했다. 그래서 행사를 더 많이 만들었다. 아버지의 죽음은 가장 가까웠던 사람이 떠나간 것과 같다. 중요한 사람과의 이별 때문인지 그는 사람을 쉽게 믿지 못했다. 그리고 일을 통해서 맺어진 사람에게만 마음을 여는 패턴이 있었다. 자신이 기획한 일에 참여하는 사람에게는 어떻게 해서든 보상을 하는 것이 당연하다는 마음이 있었다. 무엇보다 이기순 선생님처럼 남들 앞에서 자신의 권위(힘)를 조금이라도 무시하는 일이 생기면 화를 참을 수 없었고, 어떻게든 힘으로 눌러야 했다. 자신을 따르는 사람, 함께 고생하고 자신처럼 뭔가 희생하는 모습을 보이는 사람은 항상 가까이에 두었다.

태진이의 담임 선생님은 교직 경력이 쌓여갈수록 상담에 관심이 많았다. 이제 막 대학원에서 가족 치료에 대한 공부를 시작한 그는 부모의 문제가 자녀에게 전달된다는 사실에 크게 공감했다. 그 또한 권위적이고 무서운 아버지 밑에서 컸고, 아버지에게 매를 맞으며 힘들게 일만 했던 어머니를 보면서 여러 심리적인 문제를 전달받았다고 스스로를 진단했다. 그래서 그런지 아이의 문제만큼은 부모와 가장 강력한 결속이 있다고 단정했다. 자연스레 아이와 상담을 할 때에도 부모에 대해 파악하려고 했고, 학부모와 면담하는 중에도 부모가 어떤 분인지를 파악하는 것이 매우 중요하다고 여겼다. 흔히 말하듯 '그 부모에 그 자식'이라는 말이 상당 부분 맞는다는 생각도 하고 있었다. 아직 배워야 할 것이 많았고 경험해야 할 것이 많았지만, 현재까지 배운 것을 토대로 학생과 학부모 상담을 진행해도 충분히 자격이 있다고 생각했다.

태진이 어머니가 면담을 하러 오셨을 때, 그는 태진이가 장난이 심하고 문제를 일으키는 데는 부모의 부족한 점이 있기 때문이라고 함부로 판단하고 있었다. 그런 와중에 마침 태진이의 어머니가 이혼 이야기를 꺼내자 마음속에서 '그럴 줄 알았어, 이혼 가정이라 아들이 저렇군.' 하는 생각을 했다. 생각이 너무 확고해서였는지, 그는 자신의 그런 예단과 편견이 겉으로 드러나고 있다는 사실조차 깨닫지 못했다.

"

자신을 돌아보는 방편

위의 사례에 등장하는 세 명에게는 안타깝게도 수치심이 이미

자리 잡고 있었다. 이 수치심은 '내재화된 수치심'이라 할 수 있다. 성장 과정 중에서 부모와 관계를 맺다가 생긴 수치심이었다. 부모로부터 옹호받지 못하고 괴물 취급을 받았던 김종필 선생님과 아버지의 부재로 인해 어머니의 사랑과 보살핌도 제대로 받지 못하고 자란 김말자 선생님, 권위적이고 엄하기만 했던 아버지 밑에서 외로이 자란 태진이 담임 선생님 모두 부모와 제대로 관계 맺지 못해 생긴 감정의 공허함이 수치심을 키우게 되었다. 이렇게 내면에 자리 잡은 상처는 슬픔, 우울, 분노와 함께 어우러져 조금이라도 압박을 받는 상황에 놓이면 '모든 것이 나 때문이야.'라는 자책으로 이어지기 쉽다. 이런 상태에서 부모가 되고, 어른이 되며, 교사가 되면, 그들은 아이들(학생들)의 욕구가 무엇인지 알아차리기 힘들고, 그들에게 또 다른 공허함과 '거절'의 경험을 만들어줌으로써 수치심을 물려주게 된다. '공허함'은, 뒤에서 이야기하겠지만, '중독'과 밀접한 관계가 있다. 공허함이 어떤 대상에 대한 의존 성향을 높이는 것이다.

갓난아기 때는 엄마가 많이 안아주는 것이 중요하다. 아이가 울면 즉시 달려가 "엄마 여기 있어." 하며 눈을 맞추고 아이의 요구 사항을 해결해주어야 한다. 시간이 지나면 아이는 이 세상은 좋은 곳이고, 내 옆에는 좋은 사람이 있음을 알게 된다. 잠시 엄마가 자리를 비우더라도 엄마는 다시 금방 돌아온다는 사실을 알면 아기는 불안해하지 않는다. 이런 관계가 신뢰의 첫걸음이 되고 '나는 가치 있는 사람'이라는 의식의 뿌리가 된다.

애착 관계가 잘 형성된 아이들은 자신을 긍정적으로 생각하고,

자신에 대해 만족하며, 자신이 앞으로 하는 일들을 두려워하지 않게 된다. 이 관계를 시작으로 아버지와 형제 등 가까운 가족으로, 어린이집이나 유치원으로, 학교 관계로 아이의 영역이 확장된다. 앞의 사례에서 본 선생님들이 '나는 가치 있는 사람이야.'라는 생각으로 삶을 살아왔다면 지금은 어떤 모습이었을까?

지금까지 학교 안에 자리 잡은 수치심 중 일부만 이야기했지만 학교는 구조적으로 '수치심'이 생길 수밖에 없다. '누구는 상위이고 누구는 하위인' 조직의 시스템 자체가 수치심을 잉태하고 있기 때문이다. 축구를 잘하지만 영어 점수가 낮은 아이들은 영어 시간에 수치심을 느끼게 된다. 선행 학습을 하고 와서 수업 중에 "저 이거 다 알고 있어요!"라며 제멋대로 행동하는 학생에게 수치심을 느끼는 교사도 있고, 교실 문을 열고 삿대질을 하거나 학급 일을 마음대로 좌지우지하려는 학부모나 관리자에게 수치심을 느끼는 교사도 있다.

하지만 기억할 것은 수치심은 그것을 없애기 위해 또 다른 행동을 만들어내는 장점이 있다는 것이다. 수치심이 뼛속 깊이 내재화되지 않았다면 대개 수치심을 없애기 위해 노력하게 된다. 그리고 이때의 수치심은 성장을 위한 적당한 연료로 사용될 수 있다. 수치심을 적당히 이용하되, 내가 누군가에게 수치심을 전달하지 않도록 노력해야 한다.

자신에 대한 정서적 만족감의 정도인 자기만족(자기에 대해 스스로 흡족하게 느끼는 것), 자기 긍정(자기를 스스로 옳다고 인정하는 것), 자기 효능감(어떤 상황에서도 적절한 행동을 할 수 있다는 기대와 신념) 등이 어떠한지 검사를 통해 알아보는 것도 한 방법이다. 그리고 나는 할 수 있는 것이 있지만 할 수 없는 것도 있음을 인정하고 내가 부족한 부분은 남에게 도움을 요청하고, 내가 잘하는 부분은 부족한 사람에게 나누어주는 마음이 필요하다는 것을 기억하자. 무엇보다 늘 잊지 말아야 할 것은 어른인 교사와 부모의 수치심이 학생과 자녀에게 전달된다는 사실이다. 수치심의 대물림은 우리 대에서 끝내도록 해야 할 것이다.

08
중독

허기를 먹고 자라는 병

중독은 앞서 이야기한 '수치심'과 밀접한 관련이 있다. 성장하는 동안 내면에 사랑, 따뜻함, 안정감 등이 자리 잡지 못하면 내면에 불만족이 의식적·무의식적으로 자리하게 된다. 자연스레 자신이 부족하고 가치 없다는 생각을 하게 되면서 내면의 공허함이 생기고, 그 공허함을 채우기 위해 의존할 대상을 찾게 된다. 허기를 느끼면 배를 채워야 하는 것처럼, 굶주린 내면을 채우려는 마음이 생기는 것이다. 맹목적으로 사랑에 빠지거나 권력이나 돈을 추구하는 것, 쉴 새 없이 일만 파고드는 것, 술이나 담배 같은 쉬운 대상을 찾는 것 등이 마음의 허기를 채우기 위한 방편으로 채택된다.

허기(공허함)를 줄이기 위해 무엇인가를 지속적으로 하는 상태, 그것 없이는 제대로 된 생활이나 활동을 하지 못하는 상태를 중독이라고 한다. 대개의 사람들은 공허함을 느끼면 이를 벗어날 손쉬운 방법을 찾게 된다. 공허함을 근본적으로 해결할 수 있는 경험을 해본 적이 없기 때문이다. 그러나 이들이 선택한 방법은 대체품에 불과하므로 내면은 완벽하게 채워지지 못한다. 내면은 다시 비게 되고 또다시 다른 대상에 손을 내밀게 되지만, 내성이 생긴 내면은 더 큰 자극을 찾게 된다. 그리고 시간이 지나면 그 물질과 대상 없이 살지 못하는 '중독' 상태가 된다. 알코올, 약물, 도박, 인터넷 중독 등에 빠지게 되는 것이다. 중독과 관련된 프로그램에서 만난 내담자들과 치료 상담을 하다 보면, 그들은 중독에 빠진 뒤 다시 깊은 공허함을 느꼈고, 공허함을 채우기 위해 다시 중독에 빠지는 악순환을 되풀이하고 있었다. 내담자들과 상담하면서 알게 된 사실은, 그들의 공허함 뒤에는 '가족'이 자리 잡고 있다는 것이었다.

학교에도 '중독'이 깊게 자리 잡고 있다. 학교에서 쉽게 만날 수 있는 중독의 경우는 인터넷 중독에 빠진 학생일 것이다. 그러나 학교 내의 중독에서 더 관심을 두고 봐야 할 것은 현재 중독에 빠진 학생이 아니라 '과거' 중독 가정의 자녀가 어떤 모습으로 '현재' 학생, 학부모, 교사, 관리자로 학교 내에 자리하면서 어떤 역동을 만들어내는지를 살피는 일이다. 중독자의 부모는 의도했든 의도하지 않았든 자녀에게 많은 시간을 내주지 않고, 아이가 발달하는 데 필요한 적절한 피드백이나 사랑을 채워주지 못한다. 그래서 중독 가정의 자녀들은 원치 않게 공허함을 물려받게 되고, 그 공허함을 채우기 위해 대체품을 찾는 악순환을 반복한다. 그리고 그들의 자녀는 학생이 되고, 학부모가 되며, 교사가 되고, 또한 관리자가 된다.

어느 자리에 있든지, 제대로 피드백을 받고 성장하지 못한 그들이 공허함을 채우기 위해 또래 친구에게 영향을 끼치고 자녀들에게 영향을 주며, 어린 학생들에게 영향을 주고 동료 교사에게 영향을 준다고 생각해보자. 이쯤 되면 학교에서 쉽게 접할 수 있는 담배와 약물, 인터넷 중독의 사례가 오히려 당연해 보일 것이다.

사랑 대신 본드를 흡입한 아이

고등학교 2학년인 미선이는 약물 중독으로 병원에 입원하게 되었다. 미선이는 어떻게 해서 입원까지 하게 되었을까? 부모는 미선이가 초등학교 2학년 때 사고로 돌아가셨다. 미선이는 할머니 집에서 생활해야 했다. 할머니는 자식의 죽음을 받아들일 수 없었다. 그러면서 한편으로는 손녀를 키워야 하는 신세가 처량했다. 제대로 된 벌이를 할 수 없었던 할머니는 미선이가 조금만 실수해도 "부모 없는 자식이 그러면 안 된다."는 말로 호되게 야단을 쳤다. 그 말은 언제나 미선이의 가슴을 콕콕 찔렀다. 평범한 아이처럼 학교에서 생활하고 싶었지만 할머니는 담임 선생님만 만나면 "우리 아이가 부모가 없어서 부족한 것이 많아요."라는 이야기를 굳이 하셨다.

중학생이 되면서 미선이는 필요한 것이 많았다. 또래 친구들과 어울리면서 용돈이 필요했고 사고 싶은 것도 많아졌다. 그러나 형편이 안 되었고, 할머니는 그런 미선이에게 꾸중만 하기 일쑤였다. 자기도 모르게 할머니에게 대드는 횟수가 잦아졌고, 할머니는 미선이에게 욕도 서슴지 않았다. 미선이는 남들과 다르게 살아가는 자신의 처지가 서글펐고 화가 났다.

마음속에는 외로움이 자리 잡았고, 할머니에게는 화가 났다. 자기를 두고 일찍 돌아가신 부모님에 대한 원망과 슬픔이 미선이의 마음을 짓눌렀다. 몸이 움츠러들고 표정은 굳어졌으며, 다른 사람들과 제대로 관계를 맺지 못하게 되었다. 이에 따라 친구들도 미선이를 멀리하게 되었고 미선이는 점점 외톨이가 되어갔다.

이런 상태로 고등학생이 된 미선이는 동네에 무리지어 다니는 선배 언니들과 우연히 어울리게 되면서 그 무리에서 소속감을 느꼈고 위로를 받았다. 언니들을 따라 담배를 피우고 술을 마셨으며 오빠들과도 어울렸다. 미선이의 가방에서 할머니가 담배를 발견하던 날, 할머니는 미선이를 크게 꾸중했다.

"이 못된 것, 부모 없는 아이라 엇나갔다는 소리 듣지 않게 하려고 이 할미가 널 어떻게 키웠는데……."

그 말을 듣던 미선이는 폭발하고 말았다. 미선이는 제발 좀 그만하라고, 그 소리는 듣기 싫다며 문을 박차고 나갔다. 위로가 필요했던 미선이는 선배 언니들에게 연락했고, 이 일을 계기로 언니들이 건네주는 니스를 흡입하게 되었다. 미선이는 무서웠지만 검은 비닐봉지를 건네는 언니의 요구를 거절할 수가 없었다. 니스를 들이마시자 세상이 핑 돌기 시작했고 구토가 올라왔다. 그러면서 웃음이 났다. 점차 의식이 몽롱해지면서 몸과 마음이 마비되었다.

중독이 심해지면서 미선이는 학교생활을 제대로 할 수 없었다. 학교에서는 거의 책상에 엎드려 지냈고, 학업도 포기하다시피 했다. 그러던 어느 날, 선배 언니들과 본드를 흡입하다 미선이는 정신을 잃었다. 눈을 떠보니 낯선 장소였다. 정신을 차리고 밖으로 나가려는데 한 아저씨가 들어왔다. 이상한 느낌이 든 미선이는 마구 비명을 질러대기 시작했다. 모텔 방으로 들어오던 아저씨는 미선이의 반응에 놀라 그대로 밖으로 나갔고, 미선이는 이 일이 선배 언니들이 꾸민 짓임을 알게 되었다. 선배 언니들은 미선이를 하룻밤 원조교제 대상으로 팔아버린 것이었다.

생각처럼 일이 진행되지 않자 선배들은 미선이를 버렸다. 갑자기 미선이를 따돌리고, 미선이에 대한 나쁜 소문을 퍼뜨리기 시작했다. 어느 순간 미선이는 '몸 파는 여자'가 되었다. 학교에서도 아이들이 수군거리기 시작했고 미선이는 더욱 고립되었다. 무엇보다 믿고 위로받았던 선배 언니들의 배신이 뼈아팠다. 미선이는 혼자 담배를 피우고 본드를 흡입했다. 몽롱하고, 무기력해지고, 세상에 자기 편은 없다고 생각했다. 그러던 어느 저녁 미선이는 손목을 그었다.

그런 미선이를 할머니가 발견해서 응급실로 데리고 갔다. 미선이는 다행히 목숨을 건질 수 있었지만 의사 선생님은 미선이를 꼭 신경정신과에 데리고 가야 한다고 말씀하셨다. 게다가 미선이는 약물(본드, 니스)에 중독된 상태라 입원 치료가 필요했다. 미선이는 6개월 정도 입원 치료를 받아야 했다.

,,

미선이를 위한 심리극을 진행하면서, 처음으로 미선이를 바라보는 친구들의 시선과 선생님에 대한 분노를 다루었다. 미선이는 "니들이 뭔데! 니들이 뭔데!!!! 너네가 내 아픔을 알아?"라고 절규하며 눈물 흘리고 소리쳤다. 이윽고 분노의 대상은 선배 무리들로 옮겨갔다. 담배와 본드를 건네받은 순간이 얼마나 무서웠는지, 미선이는 그 장면을 떠올리고는 선배 무리에게 "꺼져!!"라고 외쳤다.

할머니에 대한 감정도 털어놓았다. 말끝마다 '부모 없는 자식'이라고 표현했던 할머니에 대한 원망과 서러움, 가슴에 꼭꼭 담아두었던 이야기를 털어놓게 했다. 이후 미선이를 할머니의 역할로 들어가게 한 뒤, 할머니가 된 미선이에게 물었다.

"할머니, 미선이를 바라보니 어떠세요?"

할머니 역할의 미선이는 눈물을 흘리기 시작했다.

"불쌍한 것, 아빠 엄마 죽고 얼마나 힘들었을까. 할미가 할 수 있는 것은 삐뚤어지지 않고 잘 크도록 도와주는 것이야."

"할머니, 왜 그렇게 미선이에게 엄하게 구셨어요?"라고 묻자 할머니 역할의 미선이는 "불안하고, 걱정이 되어서 그랬다."고 답했다. "할머니, 미선이가 어떻게 자라면 좋을지 이야기해주세요."라는 물음에 미선이는 "미선아, 괜찮아. 힘내고 잘 치료받고 와."라고 답하며 눈물을 흘렸다.

미선이가 선배 무리에 마음이 끌렸던 것도, 담배와 본드(니스)를 거절하지 못했던 것도 내면의 공허함이 원인이라 할 수 있다. 그리고 그 공허함의 출발은 부모와의 갑작스러운 이별이 원인이라 할 수 있다. 부모에게 생명을 받은 것 자체가 가치 있는 일이며, 언제나 부모가 가슴속 깊숙한 곳에 자리한다는 것을 느끼게 하는 경험이 필요했다. 미선이에게 물어보니 부모님이 있었다면 이런 여러 일들을 경험하지 않았을 것이라 생각하고 있었다. 그래서 심리극은 '영혼극'으로 이어져 진행되었다.

조명을 어둡게 한 상태에서 미선이는 큰 소리로 "아빠!!" "엄마!!" 하고 불렀다. 함께 심리극에 참여했던 전문가 두 명은 흰 천을 두르고 미선이에게 다가갔다.

"아빠, 엄마, 왜 이제야 왔어?"

미선이는 이렇게 말하며 두 사람의 손을 꽉 잡았다.

아빠 엄마랑 무엇을 가장 하고 싶었느냐는 말에 미선이는 함께 밥을 먹고 잠을 자고 싶었다고 답했다. 그렇게 극적인 상황이 구성되고 미선이는 비록 가상이긴 하지만 따뜻한 아빠 옆에 서서 엄마 품에 꼭 안겼다. 함께 웃고 시간을 보낸 뒤 다시 부모님을 떠나보낼 시간이 되었다. 이제는 미선이를 미선이 어머니 자리에 서도록 했다. 어머니의 눈으로 미선이 자신을 바라보도록 했다.

"어머니, 지금 미선이를 보니까 어떠세요?"

"마음이 아프죠."

"떠나가기 전에 미선이에게 한마디해주세요."

"미선아, 엄마랑 아빠가 없어서 그동안 많이 힘들었지? 그래도 포기하지 마. 언제나 너를 지켜보고 있고, 잘 되길 바란단다. 넌 잘 이겨낼 거야. 이제 엄마 갈게. 안녕."

미선이는 눈물을 흘렸다. 이번에는 역할을 바꾸어, 미선이가 엄마 역할 속에서 했던 말을 앞에 있던 '어머니'의 입으로 직접 들었다. 미선이는 비로소 과거에 제대로 이별하지 못했던 이별 의식을 치렀고, 그 뒤에 이어진 대화를 통해 자신의 소중함을 새삼 깨닫게 되었다.

심리극을 하고 의사 선생님과 면담을 하면서, 그리고 여러 집단 상담 프로그램에 참여하면서 미선이는 자신과 비슷한 또래들과 서로 위로하고 위로받는 시간을 가질 수 있었다. 치료 시기가 끝난 뒤 미선이는 학교로 돌아갔다. 미선이의 할머니도 상담을 받고 미선이를 대하는 태도와 말투를 교정받게 되었으며, 미선이는 기숙사가 딸린 새로운 학교에서 새출발을 하게 되었다. 이후 미선이는 주기적인 면담과 심리검사를 통해 내적인 불편함을 조금씩 치유해 나갔다.

관계중독

삼십대 중반의 김미라 씨는 다섯 살, 두 살 남매를 둔 엄마다. 두 아이를 키우는 데만도 정신없어야 할 그녀는 손에서 스마트폰을 놓지 못해서 문제다. 아이들을 데리고 병원에 가서 대기하는 시간에도, 잠시 틈만 나면 스마트폰을 꺼내 카카오스토리와 페이스북을 확인한다. 두 살짜리 둘째가 병원을 여기저기 돌아다니면서 들쑤시는데도 전화기 화면만 보느라 아이를 놓치기 일쑤고, 집에서도 소파에 엎드려 스마트폰으로 커뮤니티 카페와 쇼핑몰만 쳐다보고 있다. 남매가 칭얼대면 자기만의 시간을 방해받는다는 생각이 강하게 들어 소리를 버럭 지르기도 여러 번, 텔레비전을 보다가도 스마트폰에서 알림 소리가 울리지 않을까, 새로운 소식이 올라오지 않았나 틈틈이 확인하느라 정신이 없다.

김미라 씨의 남편은 아내의 그런 모습이 싫어 화를 내보기도 하지만, 김미라 씨는 그때마다 육아가 얼마나 힘든 줄 아느냐며 남편에게 투덜댔다. 집은 청소를 하지 않아 늘 지저분하고 설거지는 개수대에 쌓여갔다. 남편은 아내에게 화가 나서 싫은 소리를 하다가도 변하지 않는 아내의 태도에 결국 자신이 집을 정리하고 아이들을 돌보곤 했다. 그렇게 하는 와중에도 연신 소파에서 스마트폰만 쳐다보는 아내가 남편은 싫었다. 이해할 수도 없었고 아내에 대한 실망감과 분노가 점차 쌓였다.

첫째 아이는 그런 엄마 때문에 유치원 버스를 놓치기도 했다. 엄마의 무관심과 무신경 앞에서 떼를 쓰는 일이 잦아졌고, 엄마의 머리카락을 잡아당기거나 두 살 난 동생을 때리는 일도 잦아졌다. 김미라 씨는 스마트폰이 자신에게 좋지 않은 영향을 끼치고 있음을 알고 있었지만, 전화기가 손에 쥐어져 있지 않으면 허전하고 불안해서 아무것도 할 수 없었다. 빈 시간을 어떻게 보내야 하는지 알 수 없었고, 아이들을 키우느라 힘들 때면 스마트폰으로라도 위로받아야 한다는 생각은 변치 않았다.

"

김미라 씨의 이런 증세는 언제부터 생긴 것일까? 그녀는 공허함과 외로움을 견디기 힘들어했다. 그리고 불편한 일이 생기면 쉽게 우울해졌다. 그런 마음을 달래줄 수 있는 것은 스마트폰에서 관계를 맺은 사람들이었다. 자신이 힘들었던 것을 이야기하면 어느새 댓글로 위로를 받을 수 있었고, 화가 나는 일을 올리면 동조해주는 답변이 즉각 올라왔다. 안부를 물으면 웃는 얼굴의 이모티콘이 올라오는 것이 반가웠다. 그래서 그녀는 카카오톡과 페이스북 같은 SNS에 매력을 느꼈다. 누군가가 자신의 글에 '좋아요'를 누르는 것이 좋았다. 자신의 글이 리트윗 되고 자기 글에 답변을 다는 사람들을 보면 가치 있는 사람이 되는 듯했다. 보이지 않는 온라인상에서 대화를 나누는 사람들과 친숙하게 연결되는 느낌이 들었다. 여러 사람들이 사는 이야기가 재미있었고 점점 거기에 빠져들었다.

  김미라 씨처럼 유독 SNS에 깊이 빠져드는 사람들은, 관계에 대해 굶주림을 많이 겪은 부류라 볼 수 있다. 김미라 씨는 심리극을 진행하면서 자신이 매우 외롭게 보냈던 어린 시절을 기억해냈다.

  "사람이 그립고 필요했던 적이 언제인가요?"라는 상담자의 질문에 그녀는 초등학교도 입학하기 전 시절의 기억을 끄집어냈다. 그녀의 아버지는 늘 출장으로 집을 비웠고, 어머니는 미용실을 운영하느라 집을 비웠다. 어린 그녀는 늦은 밤까지 혼자 텔레비전을 보면서 지냈고, 혼자 그림을 그리거나 종이인형을 가지고 놀면서 집을 지키는 일이 많았다. 저녁밥도 혼자 먹었고, 밤에도 혼자 잠드는 일이 많았다. 엄마 손이 그리워 미용실에 찾아가면 일에 방해된다는 소리만 듣기 일쑤였다. 그녀는 인정받지 못했고 사랑받지 못했다. 조용히 눈치 보는 일이 일상이 되었기 때문인지, 초등학교에 입학해서도 쉽게 친구들과 친해지지 못했고 학교생활에 적응하지 못했다.

  김미라 씨를 위한 심리극이 마련되었다. 조명을 어둡게 한 뒤 미라 씨의 내면 아이(과거의 미라 씨)를 나타내는 인물을 방 한가운데에 서도록 했다. 이윽고 현재 어른이 된 김미라 씨가 과거 외로웠던 자신에게 다가가면서 스스로를 위로하도록 했다. 김미라 씨는 과거 외롭고 웅크려 있는 자신의 내면 아이를 껴안았다. 그러고는 눈물을 흘렸다.

  "이제 괜찮아."

방 다른 쪽 공간에는 바쁜 부모를 상징하는 두 사람을 세워놓았다. 등을 돌리고 밖을 바라보는 부모와 웅크린 내면 아이를 천으로 연결시켰다. 그리고 그녀의 두 자녀를 상징하는 두 명을 반대쪽 공간에 웅크리고 앉아 있도록 했다. 내면 아이를 안아주던 그녀를 일으켜 세워서 그 모습을 보도록 했다.

"스마트폰으로 맺는 사람들과의 관계에 자꾸 마음이 끌리는 것은 아마도 부모와의 관계에서 충족되지 못한 부분을 대신하려는 모습이라 할 수 있습니다. 저 반대쪽에 있는 어머니의 자녀를 보세요. 엄마가 스마트폰에만 집중하니까 자녀들도 외롭게 자라고 있습니다. 자신도 모르게 아이들에게 외로움을 물려주고 있는 것입니다. 저 모습은 어떻게 보입니까?"

그 모습에 그녀는 눈물을 흘렸다. 그녀는 자신의 외로움과 관계에 대한 갈증을 물려주고 싶지 않다고 했다. 그녀를 '내면 아이'가 자리했던 곳에 세웠다. 그리고 부모의 몸을 돌려 그녀를 바라보도록 했다. 그리고 제시한 문구를 따라 하도록 했다.

"아버지 어머니, 저에게 생명을 주셔서 감사합니다. 두 분이 주신 이 생명을 기꺼이 받아들이겠습니다."

그리고 그녀의 '스마트폰'을 대신하는 한 사람을 세웠다. 그 눈을 바라보고 이렇게 이야기하도록 했다.

"지금까지 날 위로해줘서 고마워. 네가 있어서 난 외롭지 않았어. 지금까지 네가 해준 모든 것에 대해 감사해. 이젠 너와 거리를 둘 거야. 고개를 돌려 내 삶과 남편과 아이들을 바라볼 거야."

그 말을 끝으로 그녀의 자녀를 바라보게 했다.

"이제 너희를 바라볼 수 있어. 너희가 있어 내 안의 외로움이 줄어들고 있다는 사실을 알게 되었어. 내 안의 외로움을 너희에게 물려주지 않도록 너희 눈을 바라볼 거야."

그 말을 하면서 그녀는 고개를 끄덕거렸고, 조금씩 자녀 쪽으로 이동했다.

부모들이 의도하지 않았고 최선을 다한 삶이었지만, 부모의 부재는 그녀 내면에 외로움과 슬픔을 만들었고 관계에 대한 갈증과 허기를 만들었다. 어렸을 때 채워지지 않았던 허기는 어른이 되었을 때 발현되었다. 김미라 씨의 자녀는 그녀의 SNS 속에서 예쁜 소품과 같은 위치였을 뿐 자녀들과 애착 관계를 형성하는 데로 이어지지 않았다.

심리극을 통해 자신의 모습을 직면하게 된 그녀는 이후 생활 방식을 바꾸었다. 스마트폰을 내려놓았고, 그 시간에 남편과 아이들에게 집중하였다. 그러자 서로 마음을 나눌 수 있게 되었고, 관계가 회복되었다.

은둔형 외톨이

승훈이 어머니는 이제 중학교 1학년이 된 승훈이 때문에 고민이 많다. 컴퓨터에 빠져 방에서 나오지도 않는 아들만 생각하면 가슴이 터지려고 한다. 처음에는 아들이 컴퓨터를 다른 아이들보다 조금 오래 하나 보다 생각했지만, 갈수록 컴퓨터 앞에 앉아 있는 시간이 많아지고 방에만 틀어박혀 있어서 걱정이 되었다. 컴퓨터를 없애려고도 했지만 그럴 때마다 눈을 부라리며 심하게 저항하는 승훈이의 모습에 이러지도 못하고 저러지도 못하는 상태였다. 어찌어찌해서 컴퓨터를 없애긴 했지만, 그 뒤로 승훈이는 밥도 먹지 않고 방구석에 처박혀 모든 대화를 단절했기에 컴퓨터를 다시 들여놔 줄 수밖에 없었다.

승훈이의 상태를 안 식구들은 청소년 인터넷 중독 상담센터의 상담사에게 요청해 승훈이를 면담하게 했지만, 그때마다 승훈이는 방문을 걸어 잠그거나 장롱 속에 꼭꼭 숨어버렸다. 승훈이는 점점 학교에 가지 않는 날이 늘어나더니 나중에는 등교를 거부했고, 방에만 틀어박혀 지내게 되었다. 현관문 소리가 들리면 낯선 사람이라도 마주칠까 봐 방문을 걸어 잠갔고, 자기 방에서 한 발짝도 나오지 않았다.

승훈이는 어머니와 단 둘이 있을 때는 어머니를 몹시 괴롭혔다. 학교에서는 승훈이가 계속 결석하자 벌점을 주는 한편 병원 치료를 권했다. 승훈이 어머니는 망설였고, 승훈이를 병으로 몰아가는 학교의 방침이 서운했다.

승훈이 어머니는 집에서 승훈이를 돌보면서 지내고 싶었다. 그러나 뇌졸중으로 죽은 남편의 사업체를 물려받아 일을 해야 했다. 게다가 승훈이의 동생들까지 있어서 마냥 승훈이만 돌볼 수가 없었다. 승훈이 어머니는 어미의 마음도 몰라주고 자꾸만 엇나가는 승훈이에게 점점 화가 나기 시작했다.

주변에서 승훈이 어머니에게 상담센터를 찾아가보라고 조언했다. 상담센터의 전문가는 승훈이보다 어머니가 먼저 상담을 받는 것이 좋겠다고 했다. 승훈이 어머니는 그 제안을 받아들여 먼저 상담에 응했다. 승훈이 어머니는 상담치료에서 먼저 승훈이의 입장에서 생각하고 기억을 더듬는 시간을 가졌다. 그러자 승훈이가 초등학교 시절에 왕따를 당했던 사건이 떠올랐다. 그리고 당시 아들을 따뜻하게 감싸주지 못했던 기억과 어머니 자신도 승훈이 나이 무렵에 집안이 기울어 매우 힘들어했던 아픔이 떠올라 가슴이 무거워졌다. 승훈이의 어머니는 상담을 계기로 과거 힘들고 슬펐던 시절의 고통을 조금씩 떠나보냈다. 상담 횟수가 늘어가면서 남편의 죽음에 대한 죄책감도 덜어낼 수 있었고, 자신의 감정에만 빠져 있어서 아이들의 감정을 제대로 돌볼 수 없었던 현실도 파악할 수 있었다.

승훈이가 은둔하게 된 계기는 초등학교 5학년 때 있었던 왕따 사건이 시발점이었다. 그때 승훈이네 부모님은 사업 실패로 빚을 지게 되었고 자주 다투셨다. 첫째였던 승훈이는 부모님의 모습을 보면서 우울할 때가 많았다. 부모님이 싸우는 소리를 들으면 집이

금방이라도 없어질 것 같았고, 싸우는 소리에 잠을 깰 때가 많았다. 그럴 때면 다른 친구들의 부모님이 부러워지고, 자기만 불행한 가정에서 자란다는 생각에 마음이 무거워졌다. 가끔 아버지가 어머니를 때리는 모습을 보면 절망스러웠다. 학교생활도 재미가 없었고 무기력한 상태가 지속되었다. 그런 승훈이의 마음을 몰랐던 아이들은 소극적이고 침울해 있는 승훈이에게 장난을 걸기 시작했다. 승훈이가 별다른 반응을 보이지 않자 아이들은 더 짓궂게 장난을 쳤고, 승훈이를 괴롭히는 형태로 발전하기 시작했다.

그런 생활이 반복되던 어느 날 아버지가 화장실에서 뇌졸중으로 쓰러지셨다. 그리고 머리를 다쳐 돌아가시고 말았다. 가정에 닥친 불행으로 승훈이는 더 힘들어졌다. 힘든 어머니한테 학교에서 있었던 일을 차마 털어놓을 수 없었다. 수업시간에도 멍했고 상상 속에 빠졌다. 6학년이 되었지만 안타깝게도 자신을 괴롭혔던 아이들 중 일부가 같은 반이 되었고 괴롭힘은 줄어들지 않았다. 승훈이는 철저하게 고립되었다. 승훈이는 친구들이 죽도록 미웠다. 상상 속에서 친구들을 죽이고 자신은 영웅이 되곤 했다. 혼자 상상을 키워가면서 승훈이는 중학생이 되었고 여전히 왕따로 지냈다.

그러던 어느 날 승훈이는 우연히 총으로 상대방을 죽이는 게임을 알게 되었다. 게임을 하면서 승훈이는 자신을 괴롭히는 친구를 게임 속 적에게 투사하기 시작했다. 입으로 욕을 내뱉으며 총으로 갈기고 칼로 베는 순간 쾌감을 느낄 수 있었다. 게임이 점점 좋아졌다. 게임 레벨이 올라갔고 게임 공간에서 가상의 친구들이 생겼다. 게임 유저들은 승훈이를 반기고 함께 연합하기를 원했다. 승점이 쌓이면서 승훈이는 인정받기 시작했고 영웅 대접을 받을 수 있었다. 조금 더 높은 레벨로 올라가기 위해 많은 시간을 쏟았다. 승훈이는 현실의 '승훈'의 삶보다 게임 속 아이디로 존재하는 삶이 더 좋았다. 밤늦게까지 게임을 하다 보니 학교에서 잠을 자기 일쑤였고 공부에는 당연히 흥미를 잃어갔다.

어느 날 승훈이를 괴롭히던 학생 중 한 명이 우연히 같은 편이 되어 온라인 게임을 하게 되었다. 게임이 끝나고 채팅을 하는 과정에서 그 친구는 레벨이 높았던 주인공이 승훈이라는 사실을 알아차렸다. 승훈이는 깜짝 놀라 아니라고 발뺌했지만 그 친구는 다른 사이트에서 승훈이를 검색하여 찾아냈고 증거를 들이댔다. 그 친구는 그간 영웅 게이머로 활약했던 인물이 반에 있었던 왕따 승훈이었음을 알리기 시작했다. 그러자 승훈이보다 레벨이 낮고 승훈이에게 조언을 구했던 기존의 게임 친구들이 등을 돌렸다. "너 반에서 왕따라며? 찌질이라며?" 같은 말이 쏟아졌다. 승훈이는 자신이 지금까지 공들여 만들었던 왕국이 한순간에 무너지는 느낌이었고 또 한 번 좌절해야 했다. 그래서 학교에 가지 않았고 방 안에 더 파묻히게 되었다.

승훈이의 현재 모습은 방에 박혀 있는 은둔형 외톨이에 게임 중독자라 할 수 있다. 그러나 이 모습은 승훈이가 원했던 모습이 아니었다. 승훈이가 이렇게 되기까지 조금씩 영향을 주었던 일이 있었고, 부모 또한 승훈이의 문제를 돌보지 못할 수밖에 없는 현실이 자리 잡고 있었다. 학교에서는 현재 모습 너머의 일까지 보기는 힘들다. 부모는 간혹 이런 자녀를 학교가 바꿀 수 있으리라는 환상을 갖는다. 그러나 이는 무리한 바람이다. 교사가 한 아이의 현재 상태를 만든 배후의 스토리와 원인까지 자세히 파악하기는 매우 힘들다. 결국 부모의 몫이 클 수밖에 없다.

다행히 승훈이 어머니는 상담을 하면서 승훈이를 깊게 이해할 수 있는 길을 찾았다. 그리고 그와 유사한 양상이 동생들에게도 생겨나는 것을 보면서 삶의 방식을 바꿔야겠다고 다짐하게 되었다. 남편이 남긴 사업체를 정리하고 본인이 감당할 수 있는 범위 내에서 사업을 꾸릴 수 있는 일을 찾았다. 그 후 승훈이는 입원 치료를 받았다. 승훈이 자신도 생활 습관을 점검하고 면담과 심리치료를 받으면서 내면의 분노와 친구들에 대한 분노를 다룰 수 있었다.

담임 선생님도 승훈이를 이해하려고 애써주었으며 학교로 돌아온 승훈이를 따뜻하게 맞아주었다. 승훈이의 주변 사람들이 힘을 모아 노력한 결과 승훈이의 삶이 변하기 시작했다.

일중독

일중독은 일을 하지 않으면 오히려 불안해지는 상태를 이르는 말이다. 일중독증(workaholic)에 걸리는 데에는 여러 원인이 있지만 대개 경제력에 대해 강박관념을 가지고 있는 사람, 완벽을 추구하거나 성취 지향적인 사람, 자신의 능력을 과장되게 생각하는 사람

등에게서 나타나는 경향이 있다. 이 증후군을 가진 사람들의 특징은 일을 하지 않으면 불안해하고 외로움을 느끼며 자신의 가치가 떨어진다고 생각한다. 여기서는 7장에서 소개한 김말자 교장 선생님의 사례를 들어 일중독에 관련한 이야기를 나누어보고자 한다.

김 선생님은 아버지가 돌아가신 후 힘과 권력이 있는 사람이 되고자 삶의 목표를 다잡았다. 교원이 된 뒤 김 선생님은 승진을 향해 매진했고, 능력 있는 사람으로 인정받기 위해 최선을 다했다. 자연스럽게 학교에서 늦은 시각까지 일하는 것을 즐겼고 일 욕심은 점점 커져갔다.

결혼해서 아이를 키우면서도 육아보다는 학교에서 인정받는 일에 더 비중을 두었다. 집에서 아이들을 돌보는 동안 남들이 앞서갈까 봐 늘 조바심이 났고, 이 때문에 육아휴직에서 빨리 복귀했다. 아이를 키우는 기쁨을 누리기보다는 아이들이 자신의 발전을 가로막는다는 생각을 은연중에 많이 하였다. 김 선생님은 자라나는 자녀들을 제대로 볼 기회가 없었다. 승진에 대한 욕구가 더 강해서 늦게까지 일을 하고, 관리자의 요구에 많은 에너지를 쏟았다. 그리고 여자인 자신을 깔보지 않도록 매사에 공격적인 태도로 타인을 대했다. 김 선생님의 모습은 전형적인 '일중독자'였다. 일 말고는 다른 어느 것에도 관심을 갖지 않았다.

김 선생님은 학교에서 가장 높은 지위인 '교장' 자리에 올랐지만 힘에 대한 욕구는 그녀를 또 다른 곳으로 향하게 했다. 자신이 운영하는 학교가 다른 학교보다 더 나은 평가를 받길 바랐고, 명품 학교의 명품 교장이 되고 싶었던 것이다. 늦은 시각까지 학교에 남아 일을 하던 습관이 여전히 남아서 교직원이 퇴근한 뒤에도 늦게까지 남아 교육청의 공모 사업이나 예산을 확보할 수 있는 보고서를 직접 작성하며 시간을 보냈다. 교장 선생님이 솔선하여 그렇게 일을 하다 보니 자연스럽게 학교는 바삐 움직였다. 소위 '명품 학교'로 보이기 위해서 학교의 외부 이미지를 꾸미기 위한 사업을 시작했고 갖가지 행사가 생겨났다.

김 선생님은 이런 일련의 행정 업무를 처리하는 과정에서 자신의 뜻과 다른 의견을 내놓는 교사가 있으면 거세게 질책했고, 퇴근 시간에 곧바로 귀가하는 교사들을 고깝게 보았다. 자신은 명품 학교를 만드느라 고군분투하는데 정작 현직 교사들은 이에 동조하지 않는 것에 화가 났고, 그들의 무력감도 꼴 보기 싫었다. 일선 교사들이 자신을 싫어한다는 것을 느끼자 그녀는 결국 자신이 지닌 지위를 이용해 교사들을 억누르려고 했다.

김말자 선생님의 일중독, 권력 중독은 수치심에서 기인한 것이었다. 성장 과정에서 겪은 사건이 트라우마로 남아 남과 따뜻하게 관계 맺는 법을 배우지 못한 데서 시작된 것이었다. 김 교장 선생님은 홀로 남은 어머니의 맏이로서 가장 아닌 가장이 되어야 했고, 가정에서나 밖에서나 강한 면모를 갖추어야 했다. 김 선생님 자신이 따뜻하고 푸근한 가정에서 자라지 못한 탓에 그녀는 자신의 자녀와도 살가운 관계를 맺지 못했다. 지위와 성공을 얻은 대신 자녀 문제에는 매우 미숙한 어머니가 되어 있었던 것이다.

김 선생님은 일과 가정 두 마리 토끼를 다 성공적으로 잡을 수는 없다고 생각하며 살아왔지만, 뒤늦게 제자들이 성장하는 모습을 보면서 자녀에 대한 가치관이 변하고 있음을 깨달았다. 가끔 시간을 되돌리고 싶다고 느꼈으며, 후회가 밀려왔다. 김 선생님의 자녀들은 일찍, 그리고 멀리 어머니 곁을 떠나 독립해 살고 있었다. 집은 김 선생님을 더욱 외롭게 만들었고 그럴수록 더더욱 일에 집중하게 되었다. 패턴은 반복되었고, 방향을 바꿀 기회를 얻지 못했다.

그러던 김 선생님도 어느덧 퇴임할 날이 다가오고 있었다. 공허함이 가득 밀려왔다. 김 선생님은 자신의 교직 생활을 돌아보았다. 무엇보다 학교에서 보낸 날들에 대해 아쉬움은 없었지만, 자녀들에게는 안타까운 마음을 떨칠 수 없었다. 자신을 그토록 힘들게 했던 외로움과 버림받은 감정들을, 정작 자신도 자기 아이들에게 주었다는 사실이 후회스럽기만 했다. 그리고 앞으로는 일을 하지 못한다는 사실이 그녀를 불안하게 만들었다. 그럴수록 퇴임식에 집중했고 퇴임식만큼은 화려하고 근사하게 만들고자 했다. 그러나 김 선생님은 교장의 이런 의도 때문에 일선 교사들이 매우 힘들어하고 있다는 사실은 외면했다.

이렇듯 당당하고 힘차게 자신의 퇴임식을 준비하던 김 선생님은 정작 퇴임식 날 눈물을 쏟고 말았다. 퇴임사를 하기 위해 단상에 올라섰을 때 김 선생님은 무대 앞에 앉아 있던 자녀들을 바라보자 자신도 모르게 울음이 터져 나왔다.

"제 평생, 우리 학교 아이들을 위해 최선을 다했습니다. 이 점에 대해서는 한 점 부끄럼이 없습니다. 하지만 제 자녀들을 생각하면……."

김 선생님은 끝내 말을 잇지 못했다. 생각지도 못했던 감정이 복받쳐 올라왔다. 일에 매진하면서 엄마의 자리를 놓아야 했던 많은 순간이 떠올랐고, 엄마의 부재로 외롭고 쓸쓸하게 컸을 자식들을 생각하자 후회가 밀려들었다. 학교에서 받은 스트레스를 남편과 아이들에게 풀어놓았던 날들이 주마등처럼 스쳐 지나갔다. 당연한 결과로, 김 선생님의 가정은 따뜻한 온기가 없는 무덤덤하고 서로에게 무심한 가정이 되고 말았다.

김 선생님은 자신과 비슷하게 커버린 자녀들에게 사과하고 싶었다. 하지만 김 선생님의 자녀들은 어머니의 눈물을 무덤덤하게 바라볼 뿐이었다. 퇴임식 때 으레 하는 겉치레 말이라고 여겼다. 퇴임 후 김 선생님은 허탈했다. 온 힘을 다해 살아왔는데, 이제 와 뒤돌아보니 자신을 좋아하는 사람도 없고 가족도 저만치 멀어져 있었다. 권력과 지위는 사라졌고, 마땅히 만날 수 있는 모임도 없었다. 남들이 자신의 우울함을 알아차릴까 봐 겁이 났다.

인생 전반에 대한 흐름은 김말자 교장 선생님이 혼자 계획한 것은 아니었다. 하지만 그녀의 가슴속 공허함과 일에 대한 맹목적인 매진은 그녀 자신에게만 영향을 준 것이 아니라 그녀의 자녀에게, 학교에 근무하는 많은 사람들에게 영향을 주었다. 그리고 그녀의 영향력은 처음에는 크지 않았지만, 그녀가 높은 직책으로 갈수록 점점 더 커졌다. 모빌의 가장 위쪽에서 학교 전체에 진동을 보낸 것이라 할 수 있었다. 김 선생님이 보낸 진동은 겉보기에는 발전적이고 진취적인 것으로 보이지만 실상은 자녀에게는 외로움과 공허감을, 동료들에게는 서운함과 불편함을, 교사들에게는 강압과 불통을 준 것이었다. 이것들은 모두 '일중독', '권력 중독'에서 기인한 것이라 할 수 있었다.

지금까지 학교 내에 자리 잡은 '중독'과 관련된 몇몇 사례를 훑어보았다. 이 사례를 보면서, 학교에 자리한 중독이 어떻게 시작되었는지 차근차근 생각할 기회를 가졌으면 좋겠다. 자신이 어느 자리에 있든지, 상처받은 영혼에는 상처를 준 사건이 있음을 분명히 기억하자. 그리고 자신의 상처를 더듬어 하나씩 치유해나갈 때 상처받은 자신뿐만 아니라 자신으로 인해 상처받은 이들도 더불어 치유할 수 있음을 기억해야 한다. 학교에서 일어나는 작은 사건에 지나치게 민감하게 반응하기보다는 이런 일이 불거진 이유를 차근차근 되짚어 하나씩 실마리를 풀어나가는 일이 무엇보다 중요하다. 이렇게 얽힌 실마리를 풀어나갈 때 비로소 상처를 딛고 자신을 사랑하는 모습을 마주할 수 있을 것이다.

09
트라우마

현재에 붙박인 과거

'트라우마(trauma)'란 일반적인 의학 용어로 '외상(外傷)'을 뜻한다. 그리고 심리학에서는 정신적인 외상, 충격 등을 말한다. 살다가 예상치 못한 사건을 겪고, 이때 생긴 감정이 제대로 처리되지 못한 채 삶에 지속적으로 부정적인 영향을 미치는 현상을 말하는 것이다.

갑작스레 교통사고를 당하거나 폭행을 당했을 때, 집에 강도가 들었을 때, 전쟁이나 자연재해 같은 예측 불가능한 사건에 휘말렸을 때, 정신적인 외상이 생기고 그것이 삶에 트라우마로 남을 수 있다. 트라우마가 생기면 3장에서 이야기했던 변연계, 즉 생존과 관련된 뇌가 반응한다. 변연계는 감정과 연결되어 정보를 받아들이고 처리하는 역할을 하는데, 만약 생존을 위협하는 사건과 감정 상태를 만나게 되면 이를 벗어나기 위한 행동을 지시하게 된다. 정지, 도망, 투쟁을 하게 되는 것이다. 도망을 가거나 투쟁을 하게 되면 일시적인 고통을 받긴 하지만 도망조차도 갈 수 없다면 정지 상태가 되고 경직된 상태로 삶을 살아가게 된다. 삶은 예측 불가능한 것이며 두려움과 불안감은 증폭이 되고, 과거 사건은 끊임없이 생각 속에 자리 잡아 분노, 슬픔, 악몽 등을 만들고 현재를 살지 않고 과거 속에서 살게 된다. 그 사건에 지배당해서 현재의 삶을 제대로 살아가지 못하는 것과도 같다.

과거 트라우마를 일으킨 사건과 관련된 유사한 경험을 하게 되면 당사자는 다시 감정에 자극을 받아 그 순간의 공포와 두려움,

분노 등을 느끼게 된다. 따라서 감정을 차단하는 기제가 발동하여 무감동 상태에 빠질 수 있다. 트라우마 상황을 함께 겪더라도 사람마다 반응과 증상은 다르게 나타난다. 생물학적인 뇌의 구조, 성격 등이 각자 다른 결론을 가져오게 만들기 때문이다. 또 과거에 극복한 경험 등이 현재에 만나는 트라우마를 이겨내는 데 각자 다른 힘의 역할을 한다.

앞장에서 소개했던 몇몇 사례에 해당된 학생, 학부모, 교사의 경험 또한 트라우마 성격이 강하다. 하나의 사건 또는 유사한 사건을 지속적으로 반복해 경험하면서 분노와 슬픔 같은 동일한 감정이 삶에 지속적으로 자리 잡게 되고, 다른 사람들과의 관계에 영향을 미치고 있기 때문이다. 때로는 트라우마 경험으로 복합적인 감정이 만들어지고 수치심, 중독, 자살, 대인관계 기피 등 여러 2차적인 증상을 만들어내기도 한다. 따라서 이런 경우에는 감정을 분리해서 바라볼 것이 아니라 사건과 파생된 감정, 2차적인 증상 등을 서로 연결시켜 살펴봐야 한다. 학교에 자리 잡은 트라우마 사건을 접할 때 감정을 먼저 파악하고 접근하거나, 과거의 사건을 먼저 파악한 뒤 사람에게 접근할 수도 있다. 상담과 심리치료에서는 이 점에 중점을 두어 접근해야 한다. 내담자가 사건과 삶을 바라보는 불편한 감정을 줄일 때 세상에 대한 부정적인 시각을 거두고 새로운 변화를 맞을 수 있다.

유치원생은 초등학교에 입학하면서 엄격한 선생님에게 적응하지 못해 몸이 움츠러들거나, 쪼그려 용변을 봐야 하는 학교 화장실에 적응하지 못해 학교생활을 힘들어하는 등 입학 초에 크고 작은 트라우마 상황을 맞닥뜨릴 가능성이 높다. 상급 학년들은 교사의 폭언과 폭행으로 삶이 갑작스럽게 방향을 틀 수 있으며, 부모의 폭행, 부모의 자살, 이혼, 사고 등 가족체적인 트라우마 사건도 늘 상존한다. 교우 관계나 시험 성적 등도 빼놓을 수 없는 중요한 사건

사고의 원인이다.

학부모들은 자녀가 학교에서 폭행을 당했거나 반대로 자녀의 실수로 상대 부모에게 용서를 빌어야 했던 사건이 트라우마로 남았고, 교사들은 분노 조절이 되지 않은 학생에게 맞거나 교사에게 거세게 항의하는 학부모를 겪었을 때, 교장 선생님으로부터 폭언을 들은 경우나 동료 교사의 죽음을 겪었을 때 등이 트라우마 경험으로 남았다.

그런데 대개의 경우 현재 트라우마로 남은 일은 과거의 어느 순간과 늘 연결되어 있었다. 성장 과정에서 겪은 일들이 현재의 사건으로 촉발되어 지금의 사건에서 큰 영향력을 발휘하게 된 것이다. 학교는 매우 다양한 트라우마가 발생하는 곳이다. 동시에 과거의 트라우마 경험이 있는 사람들이 불편한 마음을 투사하기도 하고, 각자의 트라우마가 학교 내의 '관계' 속에서 증폭되는 곳이기도 하다. 지금 학부모들은 과거 학교에서 체벌을 받거나 심하게 억압받는 등 트라우마 사건의 경험이 많은 분들이고, 그 감정이 해소되지 않은 상태에서 과거의 눈으로 현재의 학교를 바라보고 있다. 따라서 학교의 작은 실수나 교사의 적절한 훈육도 용인할 여유가 없다. 학생과 학부모에게 트라우마 경험이 있는 교사는 학생과 학부모에게 쉽게 마음을 열지 못하고 소극적으로 학급을 운영하게 된다. 권위적이고 비합리적인 구조의 학교에서 상처받은 교사 또한 마찬가지다. 교사 생활에 큰 영향을 미쳐 특정한 업무와 특정 학년 담임을 피하게 된다. 과거의 사건이 여전히 현재를 살아가는 교사에게 영향을 주는 것이다. 최근 학교의 어려운 업무를 신규 교사나 기간제 교사가 맡거나 초등학교에서 6학년 담임을 신규 교사가 맡는 일이 대표적인 사례다. 트라우마 경험이 있는 교사들이 움츠러드는 구조 속에서 만들어진 결과물이라 할 수 있다.

교사들은 교직 초반에 불합리한 학교 시스템, 부조리한 업무 배분, 힘든 학생을 만나 어려운 한 해를 보내면서 생긴 트라우마 경험이 교직의 첫 경험이 되어 교직 전반에 대한 이미지를 부정적으로 바꿀 수 있다.

아래 몇몇 사례를 통해 학교 내에 자리잡은 트라우마 사건과 과거 트라우마 사건이 현재에 어떤 영향을 미치는지 조금 더 깊게 살펴보자.

첫 단추를 잘못 꿰다

고등학교 1학년생인 경환이는 고등학교에 진학한 지 셋째 날 저녁, 제대로 잠을 자지 못했다. 아버지가 술을 마시고 들어와 어머니와 싸우면서 어머니에게 손찌검을 하는 것을 말려야 했고, 그 이후 새벽까지 아버지 앞에 꿇어앉아 아버지의 넋두리를 들어야 했기 때문이다. 경환이는 다음 날 학교에 갈 일이 걱정되었지만 아버지가 어서 넋두리를 끝내고 주무시기를, 어머니가 더 이상 다치지 않기를 바라는 마음이 컸다. 아버지는 사나이라면 어떻게 세상을 살아가야 하는지에 대해서 자신만의 철학을 설파하느라 새벽 2시가 넘을 때까지 경환이를 붙들고 계셨다. 다음 날 아침 경환이는 평소보다 늦게 일어났다. 학교까지 한 시간 가까이 버스를 타고 이동해야 하는 터라 아침밥도 먹는 둥 마는 둥 한 채 교복을 황급히 걸치고 일어나 정류장으로 갔다. 순간 경환이는 지각을 하면 체벌하는 학급 규칙이 걱정되어 부모님께 전화라도 한 통 부탁드리고 싶었지만 지난 저녁 일을 생각하면 그런 말을 꺼내기 힘들었다.

평소보다 20분 늦게 교실에 도착한 경환이는 담임 선생님의 꾸중을 들어야 했다. 왜 늦었느냐는 질문에 간밤의 일을 친구들 앞에서 차마 꺼낼 수 없었다. 우물거리며 "나중에 따로 말씀드리면 안 될까요?"라고 했지만 지금 당장 이야기하라는 담임의 말에 고개만 푹 숙일 수밖에 없었다. 체벌 규칙대로 경환이는 1분에 열 대씩, 무려 200대를 맞아야 했다. 이런 규칙 따위 거부하고 싶었지만 감히 거역할 엄두가 나지 않았다. 학년 초라 친구들 앞에서 찌질한 모습을 보이기도 싫었다. 양말을 벗고 교탁 앞 책상 위에 올라가 무릎 꿇고 앉아 발바닥을 맞으면서, 경환이는 친구들이 신경 쓰였다. 늘 모범생으로 생활해왔던 터라 이 상황이 당황스럽기만 했다. 맞는 횟수가 늘어나면서 고통은 커졌다. 그 아픔과 함께 간밤의 일이 떠올랐다. 그리고 화가 올라왔다. 선생님이 숫자를 줄여 100여 대를 맞았지만 책상에서 내려와 교탁을 지나 걸어가면서 느껴지는 발바닥의 아픔은 지난 저녁의 아픔과 함께 경환이를 울컥하게 만들었다. 그리고 경환이는 자신도 모르게 "씨발"이라는 욕을 뱉고 말았다.

그 입모양을 보고 말았을까. 담임 선생님은 경환이를 앞으로 불러냈다. 그리고 다짜고짜 뺨을 때렸다.

"뭐? 씨발??"

담임은 다시 경환이의 양쪽 뺨을 양손으로 때린 뒤 멱살을 잡고 바닥에 내동댕이쳤다. 경환이는 속으로 아차 했고, 그 욕설이 선생님을 향한 것이 아니었음을 말하고 싶었지만, 하지 못했다. 담임은 교실 뒤쪽 청소함에서 밀걸레를 꺼내 들었다. 그러고는 나무 봉을 발로 부러뜨려 짧게 만든 뒤에 경환이에게 다가왔다.

경환이가 잘못했다고, 선생님에게 한 말이 아니었다고 말했지만, 담임은 듣지 않았다. 이후 담임은 경환이의 허벅지와 엉덩이를 몽둥이로 내리치기 시작했다. 퍽!! 퍽!!! 경환이는 허벅지를 잡고 뒹굴었다. 하지만 담임은 경환이의 옷을 잡고 바닥에 질질 끌며 종아리며 엉덩이까지 마구 내리쳤다.

경환이는 달달달 떨면서 바닥에 웅크리고 울음을 터뜨렸다.

"선생님, 살려주세요. 살려주세요."라는 말이 나오자 담임은 고개를 들고 반 아이들을 쳐다보며 "앞으로 누구라도 내 주변에서 씨발이라는 욕을 하면 이렇게 가만 두지 않을 거야. 죽여버린다!" 하고는 교실을 나가버렸다. 경환이는 겨우 바닥에서 일어나 자리로 들어갔다.

경환이는 참담했다. 간밤의 일도, 담임에게 얻어터진 일도 모두 참을 수 없었다. 이런 사실을 어머니가 아실까 봐 걱정되었다. 맞은 자리가 터지고 짓물러 걸음걸이가 이상해졌지만 집에서는 티를 낼 수도 없었고, 학교에서도 자존심이 상해 속마음을 표현할 수 없었다. 담임 선생님이 싫었다. 매주 가던 목욕탕도 가지 않고 침울해 있는 경환이가 이상했던 어머니는 자고 있는 경환이를 살펴보았다. 경환이의 허벅지와 종아리를 보고 크게 놀란 어머니는 당장 학교에 찾아가 담임 선생님에게 따져 물었다. 초등학교와 중학교 때 받았던 선행상과 모범표창장까지 들고 가서 어떻게 그리 무지막지하게 아이를 때릴 수 있느냐며 교무실에서 슬피 우셨다. 다음 날 담임 선생님은 경환이를 불러서 학기 초라서 반 기합을 잡는다는 게, 하필 네가 되었다며 미안하다고 했다. 경환이는 자신이 본보기가 되었다는 상황을 확인하면서 더 억울하고 화가 치밀었다. 담임 선생님을 향한 경환이의 원망은 더욱 커졌다.

"

이 사건은 경환이에게 트라우마로 남았다. 경환이는 담임 선생님에게 제대로 된 사과를 받지 못했다. 게다가 경환이의 담임은 이후에도 아이들의 작은 실수에도 매번 몽둥이를 들곤 했다. 경환이는 그런 담임의 태도가 마음에 들지 않았고, 그럴 때마다 자신이 체벌당한 일이 자꾸 떠올랐다. 급기야는 친구가 맞는 것을 보아도 몸이 덜덜 떨리는 증상이 생겼다. 고등학교 출발을 트라우마 경험으로 시작해서인지 경환이는 학교에 대한 관심과 애정이 사라졌다. 수학을 가르치는 담임 선생님 시간에는 집중이 되지 않았고, 담임처럼 권위적이고 체벌을 사용하는 과목 선생님 시간에는 여러 상상(복수, 판타지 등)이 자리 잡았다. 그런 경환이를 학교에 남게 만들어준 것은 농구와 브레이크 댄스였다. 쉬는 시간이면 농구 동아리 친구들과 함께 경기를 하며 땀을 흘렸고, 댄스 동아리 친구들과 춤을 추며 스트레스를 날렸다. 동아리 친구들과 시간을 보낼 때는 기분이 좋았고, 숨을 쉰다는 느낌이 들었다. 교복을 입었을 때보다 자유복을 입고 학교를 빠져나왔을 때가 더 즐거웠고, 여학생들을 만나 노는 일이 잦아졌다. 경환이는 점점 학교생활보다 학교 밖 생활에 빠져들기 시작했다.

걱정 염려증으로 발전한 불안감

초등학교 3학년 담임 선생님인 삼십대 중반 이규석 선생님은 1교시가 시작되었는데도 아직 등교하지 않은 여진이의 자리를 보자 걱정이 되었다. 여진이 집으로 전화를 했지만 연락이 되지 않았고, 여진이 어머니의 핸드폰도 불통이었다. 어쩔 수 없이 수업을 시작했는데, 잠시 뒤 노크 소리와 함께 교감 선생님이 문을 열었다. 복도에 나가 교감 선생님의 이야기를 전해 듣는 순간 이규석 선생님은 그 자리에 얼어붙고 말았다. 여진이가 그날 아침 사망했다는 소식을 들은 것이다. 여진이는 아버지의 사업 실패와 이를 비관한 어머니의 손에 의해서 죽임을 당했다. 자살을 결심한 여진이 어머니가 여진이를 데리고 동반 자살을 한 것이다. 여진이 어머니는 여진이를 먼저 고층 아파트에서 밀어버리고, 뒤이어 몸을 던졌다. 이규석 선생님은 그 소식을 들으면서도 도무지 믿을 수가 없었다. 어제까지만 해도 밝게 웃으면서 함께 교실에서 수업을 듣던 여진이가 오늘 갑자기 세상에서 사라졌다니……. 그리고 반 아이들에게 이 소식을 어떻게 알려야 할지 판단도 서지 않았다. 가끔 여진이가 "부모님이 자주 다투셔서 짜증이 나요."라고 했던 말이 떠올랐다. 그냥 그 나이 때 있는 지극히 평범한 일상이라고 생각했는데, 그게 아이의 죽음, 그 가족의 죽음으로까지 이어지다니……. 도대체 아이가 무슨 죄가 있다고 어린 자녀까지 죽음으로 몰고 갔는지, 여진이의 부모에 대한 안타까움보다 화가 먼저 났다. 그리고 억울한 여진이의 죽음에 눈물이 흘러내렸다.

아이들도 시간이 지나면 여진이의 죽음에 대한 진실을 알게 되겠지만, 우선은 아이들에게 여진이가 교통사고로 사망했다고 알렸다. 자신이 충격을 받은 것처럼 반 아이들도 충격을 받은 눈치였다. 그날은 종일 조용하고 침울한 가운데서 시간이 지나갔다. 벌써 소식이 빠른 몇몇 아이들은 여진이 사망과 관련한 소식을 다른 데서 듣고는 친구들과 수군대기 시작했다. 학교는 여진이네 가족 소식으로 들끓었다. 이규석 선생님은 반 아이들과 함께 작은 이별 의식을 거행하면서 조금씩 여진이를 떠나보냈다.

여진이의 죽음 이후로 몇 년이 지났지만 이 선생님은 가끔씩 여진이를 떠올렸다. 한편으로는 자신이 여진이를 살릴 수 있지 않았을까 하는 자책감이 들었고, 어느 날은 여진이의 환경을 더 세심히 살피지 못했다는 사실에 죄책감이 밀려들기도 했다.

이 선생님의 죄책감은 현재 반 아이들을 바라보는 눈에 영향을 주었다. 이 선생님은 가정에 불화가 있는 학생들을 가볍게 보지 못했고, 가끔 아무런 소식 없이 학생이 늦게 오는 경우 가슴이 두근거리고 안절부절못하게 되었다. 그럴 때면 수업이 제대로 진행되지 않았고, 연락이 닿아야 비로소 마음의 안정을 찾았다.

이런 불안증이 조금씩 커져서, 체험학습을 갈 때나 야외로 소풍을 나갈 때면 눈앞에 아이들이 잠시라도 보이지 않으면 어쩔 줄 모르는 지경이 되었다.

관계 맺지 못한 상처

여대생인 선미는 자신보다 나이가 많은 언니 오빠들과 대학 생활을 한다. 고등학교 때 자퇴를 하고 검정고시를 봐서 진학을 했기 때문이다. 선미는 대학 생활을 하면서 밝고 명랑하게 지냈지만, 정작 본심은 드러내지 못하고 사람들을 대하고 있었다. 많은 선배들이 선미를 챙겨주고 아껴주었지만 선미에게는 이러한 관계가 결국은 실패할지도 모른다는 불안감이 늘 따라다녔다. 그래서인지 마음을 온전히 내주지 못했고 진실한 만남을 이어가지도 못했다. 선

미의 태도가 이렇게 어정쩡하다 보니, 정말 사람들이 가깝게 다가 왔다가도 그녀 곁을 금세 떠나갔다. 그들이 떠나갈 때마다 선미는 심장과 명치 끝이 아려오는 듯했다. 선미는 점점 더 삶에서 웅크리 게 되었고, 관계를 맺는 데 자신감을 잃게 되었다. 선미의 아픔에 는 늘 과거의 사건이 자리하고 있었다. 심하게 따돌림을 당했던 상 처, 왕따 사건으로 결국 고등학교를 중간에 그만두어야 했던 일이 여전히 선미를 괴롭히고 있었다.

66

선미는 항상 예의바르고 미소가 밝은 아이였다. 초등학교와 중학 교 때 친구들과도 사이가 좋았고, 선생님들도 좋아하던 학생이었다. 그런데 고등학교 1학년이 되어 임원을 맡게 되면서 일이 틀어지기 시작했다. 반에 있던 한 친구와의 갈등 때문이었다. 미현이라는 친구는 이성에 관심이 많았는데 자신과 헤어진 남자친구가 선미를 좋아한다는 것을 뒤늦게 알고는 무리 친구들과 헛소문을 만들어내 퍼뜨리기 시작했다. 담임이 자리를 비운 날 선미가 임원으로서 담임 역할을 대신하려 할 때면 괜히 시비를 걸었고 학급 분위기를 엉망으로 만들었다. 선미는 나중에 자신이 관심도 없는 남학생 한 명 때문에 이런 일을 당한 것을 알게 되었고 자신은 그 남학생에게 전혀 관심이 없다고 말했지만 따돌림과 괴롭힘은 멈추지 않았다. 이 일로 선미는 담임 선생님과 상담을 했는데, 그 일이 선미를 더욱 곤경에 빠뜨렸다.

담임이 반 전체를 불러놓고 이성 문제를 빌미로 선미를 괴롭히는 녀석이 있다면 가만두지 않겠다고 엄포를 놓은 것이다. 선미는 담임 선생님에게 왜 학급 아이들 앞에서 공개적으로 거론을 하셨냐며 불만을 제기했지만, 담임은 자신의 방법이 옳다면서 선미를 괴롭힌 아이들을 대상으로 특별 개별 상담까지 진행해버렸다. 비밀리에 상담을 신청했던 선미는 담임이 비밀을 지키지 않아 이후로 더 심한 따돌림에 시달려야 했다. 자꾸만 불편한 일이 반복되면서 선미는 학교를 빠지기 시작했다.

우울한 모습의 선미를 보고 부모님은 걱정이 되어서 선미에게 자초지종을 물어본 뒤에야 사정을 알게 되었지만 선미는 부모님이 학교에 가는 것을 극도로 싫어했다. 담임 선생님과의 상담 뒤에 일이 틀어지는 것을 경험한 터라 부모가 간 뒤에 더 큰 일이 벌어질까 봐 두려웠다. 하지만 부모는 선미의 만류에도 불구하고 학교로 담임 선생님을 찾아갔고, 큰 소리로 소동을 부리고 말았다. 선미는 마음이 더 불편해졌고 학교 가는 것이 더 싫어졌다. 친구들과의 사이는 더 멀어졌다. 모든 것을 피하고 싶었다. 친구들의 따돌림과 비밀을 공개한 담임 선생님의 일은 선미에게 큰 외상으로 남았다. 그리고 끝내 선미는 자퇴를 선택했다.

"

함께하는 치유

위의 사례들은 학교에서 갑작스럽게 생긴 트라우마 사건, 경험이라 할 수 있다. 앞에 만난 사람들은 안전한 일상을 보내다가 전혀 예상치 못한 사건에 휘말린 경우다. 경환이는 교사의 체벌이 트라우마의 발단이라 할 수 있지만, 이미 그 전에 가정 내에 자리 잡고 있던 사건이 결합되어 더 크게 부정적인 감정을 만들어버린 경우다. 4장 분노 편에 등장했던 이승훈 선생님과 비슷한 담임을 만난 경우라 볼 수 있다. 만약 분노에 사로잡힌 교사가 아닌 다른 유형의 교사를 만나게 되었다면 경환이의 고등학교 출발은 어땠을까? 경환이는 심한 체벌을 가하고도 계속 강압적이고 고압적인 태도를 버리지 못했던 담임 때문에 학교생활이 힘들었지만, 이 사건에서 위로받고 상처를 치유할 기회를 제대로 얻지 못했다. 나중에

대학 진학을 위해 공부를 다시 시작했지만 잃어버린 1년이 2~3학
년 학교생활과 수능시험에도 영향을 미쳤다.

여러 삶의 우여곡절을 거쳐 경환이는 현재 교사가 되었다. 교사
가 된 경환은 반 아이들에게 화가 울컥 올라오는 순간 과거 자신을
체벌했던 담임을 떠올린다. 때로는 아버지로부터 물려받은 분노
가 교실에서 되살아나는 때가 있지만, 그때마다 경환은 자신이 과
거 학교에서 경험한 일과 가족의 사건이 자신에게 작용하고 있음

을 깨닫고는 상담과 심리치료를 받기 시작했다. 그렇게 상담치료를 받던 어느 날, '교사 힐링 프로그램'에 참가했다가 과거의 담임 선생님을 만나게 되었다. 담임은 경환을 기억하지 못했지만 멀리서 그 모습을 바라보는 경환은 만감이 교차하는 마음이었다.

트라우마 경험은 사실 혼자 해결할 수 없다. 따라서 오랜 시간 동안 심리치료를 해온 전문가의 도움을 받는 것이 좋다. 반 학생이 갑작스럽게 죽어버린 이규석 선생님의 경우, 여진이가 부모의 문제로 힘들어 하는 것을 알고 있었다. 그리고 여진이가 죽자 자신이 여진이를 구할 수 있지 않았을까 하는 마음이 '살리지 못했다.'라는 죄책감을 만들었다. 이후 이규석 선생님은 교실을 보는 시각이 바뀌었고 교사 생활을 하는 데 지장을 초래했다. 이를 치유하기 위한 심리극에서 이 선생님은 상황을 객관적으로 바라보고 아이의 운명에 대해 동의하는 시간을 가졌다. 그러고는 자신에게 아무런 책임이 없다는 것을 확인하고 안도의 한숨을 쉰 뒤에야 조금 더 편안한 위치에서 교실을 바라보게 되었다.

심리극에서는 이처럼 트라우마 사건으로 인해 고통받고 힘들었던 경험을 내담자가 동의하는 범위 안에서 안전하게 재연한다. 그렇게 함으로써 과거의 사건을 '직면'하게 하고, 이 과정을 통해 과거의 기억에서 벗어나고자 하는 생각의 변화를 유도해낸다. 그러고는 마지막으로, 이전의 사건을 경험하면서 인지의 변화, 정서의 변화를 만들어낸다. 그리고 무기력하고 고통받은 과거 자신을 위로한 뒤, 현재의 삶을 더 잘 살 수 있도록 행동 연습과 현실 검증을 거친다. 이 선생님은 죽은 제자의 역할을 맡아 심리극을 하면서 "선생님은 아무런 책임이 없어요. 지금까지 슬퍼해주신 것만으로도 충분해요."라는 말을 내뱉었다. 그러고는 다시 담임의 자리로 돌아와 여진이의 역할을 맡은 대리인의 입을 통해 그 말을 들으면서, 비로소 죄책감에서 벗어날 수 있었다.

선미는 과거 따돌림의 트라우마가 현재의 관계에 여러 영향을 주고 있음을 인식하고 있었다. 선미는 심리극에서 담임 선생님에 대한 분노를 표현했고 묵은 감정을 토해냈다. 그리고 자신을 힘들게 했던 친구의 대리인들과 연결된 천을 하나씩 뺏고 던지면서 하고 싶었던 말을 토해내고, 과거 상처받은 자신을 위로하면서 "괜찮아."라는 말을 내뱉었다. 심리극에 함께 참여한 사람들이 선미를 안아주고 지지해주었으며, 선미는 자신이 좋은 사람들과 관계를 맺고 있었음을 깨달을 수 있었다. 이후 선미는 시선을 돌려 자신에게 도움이 되었던 과거의 경험을 탐색하는 시간을 가졌다. 자신의 동기들은 지금도 수능 공부 때문에 늦은 시각까지 학원에서 공부하는 반면, 선미는 대학 캠퍼스를 누비고 다녔다. 선미는 비로소 자신이 지닌 장점을 바라볼 수 있는 기회를 가질 수 있었다.

트라우마 사건 경험은 전문가의 도움을 받으면 충분히 극복할 수 있는 문제다. 하지만 학교에 자리 잡은 트라우마 사건을 학교나 교육청, 교육부 차원에서 살펴보지 못하는 현실은 매우 안타까운 일이다. 지난해 온 국민의 피를 얼어붙게 한 '세월호' 사건은 전무후무한 전 국민의 트라우마로 남을 일이지만, 이를 위한 정부나 교육부 차원의 노력에는 아쉬움이 많다. 세월호는 자녀를 잃은 가족은 두말할 나위도 없고, 이를 지켜본 대다수의 국민과 사회 전반에 거대한 트라우마를 남겼다. 유가족들은 충분히 위로받고 아픔을 토해내야 했으며, 관계 당국은 그들의 이야기를 충분히 듣고 대책을 마련해야 마땅했다. 그리고 이를 지켜보고 마음 졸인 동시대 아이들에게는 이 경험이 미래로 이어지지 않도록, 어른들이 충분히 사과하고 사죄하는 과정이 진행되어야 했다. 절망하고 실망한 이들에게 세상은 아직 안전하다고, 그리고 살아남은 사람들에게 '당신의 잘못은 없다'는 것을 충분히 납득시켜야 했다. 충분히 분노하고 마음껏 눈물 흘리면서 죽은 이들을 위한 애도 작업을 하고 가슴속 응어리를 풀어내는 일을 진행했어야 했다. 하지만 '정치'가 개입되면서 자연스러운 애도와 분노를 하지 못하게 막았고, 세월호는 여전히 해결되지 못한 채 사회 전반에 무력감을 만들고 있다.

그나마 안산 지역에 트라우마 센터가 생겨 상처받은 이들을 보듬고 보살필 길이 열려 작은 위안을 삼을 수 있게 되었지만, 세월호와 관련한 사회 안팎의 갈등과 상처는 앞으로 우리 사회가 풀어가야 할 큰 숙제로 남아 있다.

10
성격

성격은 서로를 이해하는 가장 기본적인 도구다. 학교에서는 성격이 만들어낸 차이점 때문에 원치 않은 갈등이나 사건이 빚어지곤 한다. 성격과 관련된 프레임이 학생을 바라보거나 평가할 때 오해를 만들어내고, 성격을 고려하지 않은 일처리가 그릇된 결과를 낳기도 한다. 교사의 입장에서는 성격을 파악하고 교실을 운영해 나가는 것이 학교생활에 큰 도움을 받을 수 있고, 부모 역시 자녀를 이해하는 데 큰 도움이 될 수 있다.

교사 따로 학생 따로

삼십대 초반인 박정현 선생님은 초등학교 5학년 담임을 맡게 되었다. 새 학년이 시작된 지 얼마 되지 않은 어느 날, 박 선생님은 반 아이들에게 앉은 순서대로 읽기 책에 나온 글을 읽도록 했다. 아이들은 자기 차례가 되면 한 문장씩 읽고 다음 친구에게 순서를 넘기면 되었다. 박 선생님은 또박또박 큰 목소리로 글을 읽도록 제안했다. 남들 앞에서 발표할 때에는 무엇보다 자신감을 갖고 똑바른 목소리로 표현해야 한다는 생각을 평소에 하고 있었기 때문이다. 이런 박 선생님의 기준에서는 작은 목소리로 책을 읽는 것은 용납이 되지 않았다.

차례대로 글을 읽어가던 도중 수민이의 차례가 되었다. 평소 수줍음이 많고 조용한 편이었던 수민이는 모기만 한 소리로 글을 읽었다. 박 선생님은 수민이에게 책은 큰 소리로 읽어야 한다며 다시 읽도록 시켰다. 하지만 수민이는 바로 옆 짝이 겨우 들을 수 있을 정도의 작은 목소리로 책을 읽었다. 박 선생님은 수민이를 이대로 놔두면 다른 아이들까지도 작은 소리로 어영부영 책을 읽게 될까 봐 염려되었다. 수민이 차례에서 단호하게 선을 그어야 했다. 어떻게든 수민이로 하여금 큰 목소리로 읽게 만드는 것이 중요했다.

박 선생님은 "수민이 네가 큰 목소리로 글을 읽을 때까지 다시 할 거야. 그게 언제든 될 때까지 할 거야."라고 엄포를 놓았다. 수민이는 다시 글을 읽었지만 목소리는 그다지 커지지 않았고 이에 박 선생님은 "다시!!!"라는 말로 수민이를 재촉했다.

급기야 박 선생님은 "선생님이 이렇게 여러 번 기회를 주고 가르쳐주면 목소리를 조금 키워야 하는 게 정상 아니니?"라는 말을 꺼냈다. 그러자 수민이는 고개를 숙인 채 눈물을 흘렸다. 수민이의 눈물을 보게 된 박 선생님은 마음이 불편해졌다. 수민이에게 그만 자리에 앉으라고 하고 다음 차례로 넘겼지만, 조금 전의 일 때문인지 전체적인 학급 분위기가 매우 가라앉았다. 당연히 생기 없는 수업 시간이 되고 말았다.

박 선생님은 말보다 행동이 앞서는 타입이었다. 즉각적이고 직선적으로 표현하고, 권위적이고 지시적이며, 자신에 대한 확신이 강하고, 사람을 똑바로 쳐다보면서 이야기하는 성격이었다. 반면 수민이는 마음이 온화하고 따뜻하며, 행동이 느리고, 말수가 적고 조용하며, 여러 사람들 앞에 서면 심장이 크게 뛰고, 긴장을 잘 하는 성격이었다. 수민이는 무엇보다 사람들 앞에 나서는 것이 부담스러웠다. 일어나서 글을 읽어야 하는 차례가 되자 심장이 두근거렸고 목소리가 기어 들어갔다. 자신이 할 수 있는 최고의 힘을 짜냈지만 그 마음은 전달되지 않았다. 될 때까지 다시 해야 한다는 담임의 말에 다시 힘을 내서 크게 읽으려 노력했지만 여전히 담임의 성에는 차지 않았다. 노력하는데도 잘 되지 않는 자신이 답답했고, 노력을 알아주지도 않고 윽박지르는 담임이 야속했다.

박 선생님은 아이들을 대중 앞에서 당당히 이야기할 수 있는 학생으로 키우려는 포부가 있었다. 수민이를 울리기 위해 의도적으로 계획한 것은 아니었지만, 외향적인 성격의 박 선생님이 내향적인 수민이에게 자신에게 익숙한 방법을 제시한 것이었다. 박 선생님의 방법은 박 선생님처럼 외향적이고 활달한 아이들에게나 좋은 결과를 보였다. 하지만 수민이처럼 부끄러움을 잘 타고 조용한 아이들에게는 역효과만 불러일으켰다. 수민이 같은 아이들에게 좋은 방법은 마음을 읽어주고 괜찮다고 다독여주는 일, 지금은 목소리가 작지만 다음에는 오늘보다 조금만 더 크게 읽어보자고 용기를 주는 일이었다.

성격을 나눌 때는 이처럼 외향이냐 내향이냐를 기준으로 출발하는 것이 가장 기본적인 출발점이 될 수 있다. 외향의 담임인 경우에는 내향의 학생이 조금 힘들 수 있고, 내향의 담임은 외향의 학생 때문에 고생할 수 있다. 하지만 앞에 소개한 버나드 쇼의 비유처럼 음료수가 절반 남아 있는 컵을 보고 긍정적인 생각을 하게 된다면, 외향이든 내향이든 서로의 부족함을 보완하고 자신에게 맞는 활동과 사람을 알아가는 계기로 삼을 수도 있다. 내향적인 교사는 부족한 외적 에너지를 외향적인 학생이 채워준다고 생각하고 체육 시범을 보이거나 교실 분위기를 활달하게 만드는 데 학생의 도움을 받을 수 있으며, 외향적인 교사는 내향적인 학생들에게 자신에 대한 피드백을 받고 그들을 위한 수업 진행 방식과 활동을 의도적으로 구성할 수 있다.

학교에서 성격이 가져오는 결과의 차이는 글 읽는 수업 외에도 다양한 경우에 발생한다. 먼저 교사가 학생에게 칭찬을 하면 같은 칭찬의 소리라도 듣는 학생마다 각자 다르게 받아들이는 것을 보게 된다. 일례로 자리에서 일어서게 한 뒤에 반 친구들에게 박수를 받게 하면, 그것 자체를 칭찬으로 받아들여 기뻐하는 학생이 있는가 하면 얼굴이 붉어져 친구들이 자신에게 주목하는 상황이 싫어 담임이 의도한 칭찬의 효과가 반감되는 경우도 있다. 또 선생님의 칭찬을 올곧게 받아들이지 않고 나중에 선생님이 다른 일을 시키거나 부탁해오지 않을까 미리 예상하고 의심을 하는 학생도 있다.

같은 칭찬인데도 왜 아이들마다 받아들이는 결과가 다른 것일까? 그리고 같은 칭찬을 받고도 집에 가서 내놓는 반응도 아이마

다 다르다. 집에 가서 선생님이 한 칭찬에 대해 재잘대는 학생이 있는가 하면, 학교에서 아무런 일이 없었다며 칭찬받은 일을 아무렇지도 않은 일상으로 넘겨버리는 학생도 있다. 더한 경우, 자신이 받은 칭찬을 다른 친구와 비교해서 자신이 부족하게 칭찬받았다고 서운해하는 학생도 있다. 이런 점 역시 교사와 학생의 성격이 다른 데서 빚어진 결과다.

두 개의 시선, 두 개의 세계관

> 6학년 담임을 맡은 김미리 선생님은 논리적으로 이야기하는 것을 좋아하고 목소리는 일정하고 리듬에 변화가 없는 편이다. 할 말만 하고 비판적이고 조용한 것을 좋아하는 성격이다. 또 불필요한 행동이나 움직임이 없고 생각을 많이 하는 편이다. 김미리 선생님은 학년 초부터 차분하게 반 아이들이 앉아 문제를 해결하고 조용히 토의하도록 유도했다. 원칙과 교칙을 강조했고 규칙적인 학급 운영을 중요하게 생각했다. 따라서 수업은 늘 모형에 맞게 맞추어 준비했고 차분하면서도 대본을 읽어나가듯 정확하게 진행했다.
> 김미리 선생님의 옆 반인 이용규 선생님은 얼굴 표정이 다양하고 감정이 풍부하다. 생각이나 감정이 얼굴에 잘 드러나는 편이고 학생들에게 감동을 주는 수업을 만들기 위해 매진하는 편이다. 블로그와 SNS를 통해서 자신의 생각을 잘 이야기하고 반 아이들과 왁

자지껄 수업하는 것을 더 선호한다. 본인 스스로가 차분하거나 진지한 것을 즐기지 않으므로 이 선생님의 수업은 굉장히 유쾌하고 움직임이 많은 활동 위주로 흘러간다. 이 선생님은 반 아이들이 자신을 주목하기를 바라고 무대 위의 스타와 같이 쇼를 보여주는 멋진 교사가 되길 바랐다. 이렇게 하면 학생과 학부모가 자신을 인정해주는 것 같았고, 매일이 노는 것 같았다.

김미리 선생님은 이런 이용규 선생님 반에서 들리는 소리가 매우 거슬렸다. 아이들이 왁자지껄 웃어대는 소리도 시끄러웠고, 자기 반까지 들리는 이 선생님의 큰 목소리도 매우 거슬렸다. 반 아이들을 차분하고 조용하게 학습시키고 싶은데 옆 반의 소리가 크니 아이들을 차분히 가르치기가 힘들었다. 마치 자신의 영역을 침범당하는 기분이 들었다. 자기 반 아이들이 옆 반처럼 재미있게 놀면서 수업하자고 요구해오는 것도 싫었고, 옆 반 선생님처럼 다양한 활동으로 수업하고 블로그나 SNS를 통해 피드백을 해달라고 요구하는 학부모들의 요청도 싫었다. 하필이면 이용규 선생님의 옆 반이 되어서 괴롭다고 생각했다.

이용규 선생님은 자기 목소리와 활동이 옆 반에 전달되는 것을 느끼고 있었다. 옆 반에 방해되지 않도록 활동적인 수업을 오후로 잡아놓거나 미리 김미리 선생님에게 양해를 구하려고 노력했다. 하지만 수업을 하다 보면 자신도 모르게 목소리가 커졌고 아이들과 함께 참여하다 보면 수업 시간은 늘 왁자하게 판이 벌어지곤 했다. 이 선생님에게는 다른 문제도 있었다. 그렇게 감정에 치우친 수업만 하다 보니 자꾸만 수업 내용이 산으로 가고, 아이들에게 애초에 의도한 과제를 전달하지 못하는 경우가 생겼던 것이다. 유쾌하고 활발하게 수업을 만들어갔지만 계획한 목표에 도달하지 못하는 경우도 많았고, 시험을 보면 학년에서 과목 평균이 항상 낮게 나왔다. 이에 이 선생님은 자기 반을 옆 반처럼 차분하고 정숙하게 운영하려 했지만 이런 시도는 번번이 실패하고 말았다.

어느 날 학년 선생님들이 모여 회의를 하게 되었다. 그런데 평소에 조용하던 김미리 선생님이 갑자기 말문을 열었다.

"같은 학년이면 모든 반이 동일한 활동을 하면 좋겠습니다. 수업 시간에 특별한 활동을 하고 싶다면 따로따로 하지 말고 모든 반이 다 하면 좋겠어요."

매사 안정적이고 규칙적으로 시스템을 갖추어 학년을 운영하는 것이 편안했던 김 선생님은 이용규 선생님을 의식하고 이야기를 꺼낸 것이었다. 다른 선생님들도 역시 김미리 선생님과 비슷한 방식의 수업을 하는 분들이 많았다. 조용한 목소리에 느긋한 성격, 자기주장을 강하게 표현하기보다는 다수의 의견에 따르는 편이었고 집단에서 튀기보다는 조용히 어울려 다니기를 좋아하는 경우가 많아 팀워크와 가족적인 분위기를 좋아했다. 김 선생님의 의견에 다들 동의하자 이용규 선생님도 동의할 수밖에 없었다. 그리고 무엇보다, 자신이 학년 전체에 방해를 하는 것 같은 분위기가 감지되어 불편한 심기를 거둘 수가 없었다.

이 선생님은 다음 날부터 태도를 바꾸려고 매우 노력했다. 그러나 처음부터 쉽지 않았다. 큰 목소리와 튀는 행동, 자유로운 언사 등은 이용규 선생님이 태어날 때부터 지금까지 몸에 익숙하게 자리 잡은 양식이었다. 마음으로는 튀는 행동을 줄이자고 마음먹었지만, 수업을 하다 보면 자신도 모르게 액션이 넘쳐흘렀다. 반 아이들도 매번 해오던 버릇이 있어서 선생님의 수업에 매우 과도하고 격하게 반응하기 일쑤였다.

그렇게 하루하루가 흐르던 어느 날, 아이들이 다 하교하고 난 오후 교실 뒷문이 드르륵 열리더니 김미리 선생님이 불쑥 들어왔다.

"이 선생! 약속을 했으면 지켜야지, 당신만 튀면 다야!!!"

순간 이용규 선생님은 얼음처럼 그 자리에 굳어버렸다. 대꾸할 말을 찾으려 했지만 이어지는 김 선생님의 명령조에 말을 이을 수 없었다.

"선배가 말을 시작했으면 조용히 입 다물고 우선 들어!"

날카로운 김 선생님의 목소리에 이 선생님은 잠자코 있을 수밖에 없었다.

규칙과 규율, 합의를 중요하게 생각한 김미리 선생님은 이런 원칙을 자꾸 깨는 이 선생님에게 매우 화가 났다. 무엇보다 자기 수업이 방해받고 자신이 만든 안정된 시스템이 깨지는 것을 참을 수 없었다.

이용규 선생님이나 김미리 선생님은 둘 다 이런 격한 충돌까지 오기를 바라지 않았다. 서로 조심하고 각자 방식에 맞게 교실을 꾸려나가길 원했지만 뜻대로 되지 않은 경우라 할 수 있다. 이런 충돌이 일어난 원인은 성격 차이였다. 김 선생님이 사고와 사색에 집중하는 성격이라면, 이 선생님은 정서와 감성에 치우치는 성격의 소유자였다. 김 선생님은 교실이라는 바운더리를 안전하고 자신이 통제 가능한 상태로 만들어가는 데 익숙한 방식을 선호했지만, 이 선생님은 교실을 계속 확장하고 모험과 실험을 해나가는 다이내믹한 공간으로 만드는 것을 선호했다. 두 사람은 세상을 바라보는 방식과 세상에 대처하는 자세가 달랐다. 한 사람은 머리로, 한 사람은 가슴으로 바라보았다. 서로 상반된 세계관을 가진 사람들이 바로 옆 반에 배정됨으로써 부작용이 불거진 경우라 볼 수 있었다.

사실, 익숙한 성격검사 중 한두 가지의 결과물을 관리자가 지니고 있다면 이런 부분까지 고려해 학년과 반을 배정할 수 있지만 현재 학교 시스템으로서는 요원한 이야기다. 그렇다면 김 선생님과 이 선생님이 서로 같이 행복해지기 위해서는 어떻게 하면 좋을까? 학년 선생님들끼리 서로 성격검사 결과물을 함께 보면서 각자 다름을 인정하고 서로의 장점과 단점을 이해하는 것이다. 옆 반에 상반된 성격의 교사가 있으면 불편하다고 생각지만 말고 좋은 점을 찾아내는 것이다. 감정적이고 자유로운 수업을 하지 못하는 김미리 선생님은 이 선생님의 수업에서 역동을 배우고, 논리적이고 체계적인 면과는 거리가 먼 이용규 선생님은 김 선생님의 수업에서 학습을 진전시킬 수 있는 매뉴얼을 배울 수 있는 것이다. 서로가 각자의 방식만을 고수하기보다는 나의 장점을 옆 선생님에게, 옆 반 선생님의 장점을 우리 반에 적절히 응용할 때에 교실은 열린 교실, 확장된 수업이 될 수 있다. 때로는 수업 시간을 잘 배분하여 이용규 선생님이 체육과 음악 수업을 옆 반과 합쳐 같이 가르치고 김미리 선생님이 사회와 과학 수업을 통합하여 진행하는 것도 대안이 될 수 있다. 다양한 선생님을 만나는 것은 아이들에게도 매우 귀중한 경험이 될 수 있기 때문이다.

자신이 가지고 있는 장점을 정확히 이해하고 난 뒤에 학급 운영을 해나갈 때 아이들도 교사도 행복한 교실을 만들 수 있다. 선생님들도 각자 자신에게 맞는 옷을 입는 것처럼, 아이들도 자신에게 맞는 옷을 입고 있음을 인정하자. 그렇게 인정하고 시작할 때라야 학교에서 가르치는 다양성과 배려, 사회적인 합의 등이 비로소 아이들에게 오롯이 전달될 수 있을 것이다.

자신에게 맞는 옷

교감인 배동환 선생님은 요새 몸이 힘들다. 집에 도착하면 그대로 곯아떨어질 때가 많다. 그는 사람을 좋아하고 타인과 원만한 관계를 유지하는 것을 중요시했다. 남에게 마음에 없는 말을 하지 못했고, 자기주장을 잘 하지 않았으며 자신감이 낮은 편이었다. 학교에서 교감이라는 직책을 맡아 생활하는 것도 쉽지만은 않았다. 교사들끼리의 관계를 잘 조절해야 했고, 행정 업무를 원활히 추진하려면 많은 품이 들었다. 하지만 학교 선생님들은 교감인 자신을 매우 답답하게 생각하고 있었다. 그에게 더 힘든 것은 이경자 교장 선생님의 존재였다. 교장 선생님은 학교 업무를 매사 독립적으로 판단하여 결정해버렸고, 원칙만을 강조하는 데다 매우 직선적인 성격이었다. 목표를 강조하고 자신의 생각과 맞지 않으면 단호하게 배척하는 일이 많았다. 학교 업무가 제대로 되지 않으면 그녀는 가장 먼저 교감인 자신에게 비난을 시작하고 책임을 물었다. 배동환 교감은 모두가 평화로운 쪽으로 일을 진행하려 했고, 신중하게 행동하면서 천천히 일하는 편인 데 반해 이경자 교장은 신속하고 즉각적으로 일처리를 하기 원했으며, 말보다 행동이 강했고 권위적이었다. 무엇보다, 사람보다는 일을 우선시하는 터라 두 사람이 부딪칠 때가 많았다.

배동환 선생님은 교감이라는 자리가 매우 버겁다고까지 느꼈다. 남들은 이 자리에 오르기 위해 매우 노력하고 이 자리에 오르면 성취감을 크게 느낀다는데, 자신은 이 자리가 좋은지도 잘 알 수 없었다. 교직원을 다독이고 교사들 사이를 조율하는 것만도 벅

찼고, 교장과 교직원 사이를 중재하는 일도 매우 힘들었다. 교사일 때와 달리 많은 에너지를 사용해야 했고, 퇴근 시간이 되면 녹초가 되었다. 집에서도 아버지의 역할과 남편 역할을 해야 하는데 이미 직장에서 에너지를 다 쓰고 돌아온 터라 가족에게는 더 내줄 힘이 없었다.

배 선생님은 자신과 맞지 않는 옷을 지금껏 맞다 생각하고 이 위치에까지 오른 경우였다. 불안감이 만든 승진 경쟁에서는 성공했지만, 자신의 성격과 맞지 않은 일을 하느라 매우 지쳐 있는 상태였다. 게다가 교장은 자신과는 매우 다른 유형의 사람이었고, 그러다 보니 불필요한 에너지의 낭비가 더 심했던 것이다. 배 선생님은 급기야 위경련과 역류성식도염 증세까지 나타났다. 가족적인 분위기에서 변화를 충분히 예측하면서 서로를 존중하며 교감 직책을 수행했다면 그렇게 스트레스를 받지 않았을 텐데, 교장과 성격 궁합이 맞지 않았고 학교 분위기도 자신의 성격과 다른 곳이라 적응하기 힘들었다.

어떤 직업이든 그리고 어떤 지위든 타인이 만들어놓은 기준에 맞추어 자신을 발전시키는 일은 부작용을 가져온다는 사실을 알아야 한다. 지금 하는 일이, 자신이 목표로 삼은 일이 과연 자신의 성격과 맞는 옷이고 자신에게 적절한 역할인지를 곰곰 따져봐야 할 것이다. 그리고 관리자들이 서로 성격이 맞지 않음을 기억하고 서로 보완할 수 있는 방법을 고민해야 한다.

> 김윤진 씨는 자녀 때문에 고민이 많았다. 중학교 3학년 아들 태형이를 바라보고 있으면 답답해서 견딜 수가 없었다. 태형이는 내성적이고 소극적인 아들이었다. 누구와 친해지는 데도 많은 시간이 걸리고, 행동도 매사에 느릿느릿했다. 하고 싶어 하는 것이 무엇인지도 알 수 없고, 제대로 해내는 일도 별로 없어 보였다. 그런데도 마냥 얼굴에 미소를 짓고 다니는 아들 녀석이 윤진 씨는 실없어 보이기까지 했다. 엄마 말은 잘 따라오는 듯하지만 그것도 기계적으로 그냥 따라오는 것 같고, 자발적으로 자신이 이루어내는 것도 없었다. 그나마 자기 스스로를 긍정적으로 좋게 생각하는 것은 다행이었지만, 늘 어딘가 모르게 위축되고 움츠러드는 아들이 성에 차지 않았다. 더구나 중학생이 되더니 엄마를 자꾸 피하는 것 같아서 더욱 신경이 쓰였다.
>
> 담임 선생님과 면담을 해보아도, 그저 무난한 학생이라는 답변만 들을 수 있을 뿐이었다. 교실에서 잘 적응하고 있으며 별다른 문제를 일으키는 일도 없다고 했다. 하지만 김윤진 씨 눈에 태형이는 여전히 어딘가 부족하고 답답한 아이였다.

태형이의 어머니가 태형이를 이렇게 느끼는 데에는 본인의 성격이 한몫을 했다. 태형이 어머니는 승부욕이 강했고 논리적이고 분석적인 성격의 소유자였다. 남을 비판하는 일을 잘 했고 자신이 남들보다 우월하다는 의식도 늘 갖고 있었다. 결정을 내릴 일이 있으면 늘 신속하게 처리하는 편이었으며, 단호한 인상에 맺고 끊는 것을 칼같이 하는 성격이었다. 이런 성격이다 보니 자신과는 전혀 다른 아들의 느긋한 면모를 이해할 수 없었던 것이다.

자녀와 부모가 성격이 다른 경우에는 둘 사이에 성격으로 인한 부작용이 생기기 쉽다. 김윤진 씨와 태형이의 사례는 신속하고 직설적이며 확고한 의지가 있는 어머니와 매사에 느긋하고 부드러우며 온순한 아들이 함께 살면서 부딪친 경우다. 성격이 상반된 이들은 살아가는 방식이 다를 수밖에 없다. 세상을 머리로 바라보느냐 가슴으로 바라보느냐의 차이도 성격 차이라고 할 수 있다. 외향형인지 내향형인지, 급한지 느긋한지, 일과 목적을 중심에 두는지 사람과 관계를 중심에 두는지도 성격에 따른 차이다. 서로 상대의 차이점을 알게 되면 이 차이 때문에 일어날 수 있는 여러 사건과 관계의 양상을 이해하고 서로의 합일점을 찾아갈 수 있다.

이십대인 최은주 선생님은 학교생활을 하면서 이전에 느끼지 못했던 스트레스와 과잉 긴장을 경험하고 있다. 좋은 선생님이 되기 위해 학생과 동료 교사, 학부모에게 예의바르게 행동하려고 애쓰고 남의 어려운 점을 돕는 데 관심을 쏟으며 멋진 수업을 해나가는 듯 보이지만, 정작 최 선생님은 자신이 저지른 실수에 대해 필요 이상의 미안함과 죄책감을 느끼고 있었다. 그리고 남에게 자신이 어떻게 보일지를 지나치게 신경 쓰느라 늘 긴장하며 살고 있었다. 그녀는 이런 자신의 현재 상태를 알아보고 싶어서 성격검사(LCSI)를 받았다.

검사를 통해 최 선생님은 자신이 남들에 비해 같은 사건을 크게 받아들이며, 외부 자극을 스스로 이겨내는 힘이 부족한 성격임을 알게 되었다. 그리고 자신이 전반적으로 자신의 성격대로 살지 못하고 타인의 뜻과 욕구에 맞춰 살고 있음을 알게 되었다. 마음속으로는 하고 싶은 일이나 욕구가 가득했음에도 좋은 평가를 받기 위해 겉으로는 반대되는 행동을 하고 다른 사람이 원하는 대로 살다 보니 내면에서 충돌이 일어나고 있었다. 자신의 성격 사이즈가 90인데도 남이 맞다고 하는 80 사이즈의 옷을 입으며 불편한 삶을 오랫동안 살아오고 있었던 것이다.

"내가 원하는 대로 살지 못하게 된 과거의 사건이 있었나요?"

심리치료가 시작되고 최은주 선생님에게 질문을 던졌다. 그러자 그녀는 부모님의 이혼을 떠올렸다. 아버지는 어머니를 괴롭혔고 폭행과 폭언도 서슴지 않았다. 결국 최 선생님이 초등학교 고학년일 때 부모님은 이혼을 하셨고 그녀는 어머니와 함께 생활하게 되었다. 이런 과거를 볼 때 최 선생님의 정서적인 측면이 그녀에게 영향을 미친 트라우마 사건이라 할 수 있다. 하지만 성격적인 측면에서도 최 선생님을 살펴볼 필요가 있었다.

최 선생님은 이혼 이후 어머니를 위로해야 했고, 어머니가 아버지에 대한 불만을 털어놓을 때에는 어머니 편에서 어머니를 지키는 병사가 되어야 했다. 과거의 경험, 그리고 어머니의 불안정함 때문에 그녀는 자신이 원하는 대로, 자기 가슴이 가리키는 대로 살지 못했다. 그녀가 행복해지고 가슴 뛰는 삶을 사는 것은 어머니에게 죄를 짓는 기분이 들었기 때문이다. 그래서 욕구를 접고 어머니가 원하는 딸, 착한 딸로 살기 위해 노력했다. 계속해서 자신의 원초적인 바람과 다른 삶을 살다 보니 마음속에서는 뭔지 모를 불편함이 자리 잡았고, 아버지에 대한 화, 나아가서 어머니에 대한 화까지 자리를 잡았다. 이런 양상이 오랫동안 반복되다 보니 다른 사람과의 관계에서도 '착한 딸'의 가면을 연결해 살고 있는 자신을 발견하게 되었다.

LCSI 성격검사를 개발해낸 림스연구소 임승환 소장의 말에 따르면, 성격(Personality)은 대개 선천적인 측면과 후천적인 측면 두 관점으로 나누어 살펴볼 수 있다. 전자는 사람이 태어나면서 생물학적으로 만들어진, 이미 선천적으로 타고난 기질이라는 측면을 강조한 것으로 이때는 성격을 캐릭터(Character)의 측면으로 바라본다. 후자는 성장하면서 의미 있는 사람이나 가족, 학교 등에서 영향을 받아 후천적으로 만들어진 옷, 가면이라는 측면으로 바라본다. 따라서 이때는 성격을 페르소나(Persona)의 측면으로 바라본다. '현재의 성격'은 선천적인 기질인 캐릭터와 후천적인 가면인 페르소나가 합쳐진 것이라 할 수 있다. 결국 지금 행복하게 살아가려면 태어났을 때 형성된 캐릭터에 페르소나가 잘 결합해야 한다.

최은주 선생님의 경우에는 선천적으로 같은 자극에도 크게 상처를 입는 기질을 타고났는데, 부모님의 이혼과 어머니와 둘이 생활하게 되면서 '착한 딸'이라는 페르소나가 강조되다 보니 캐릭터와 페르소나가 일치되지 못하고 괴리된 생활을 오랫동안 하게 된 경우다. 최 선생님은 그게 마치 자신에게 맞는 옷이라 생각하고 그 패턴대로 가정과 학교생활을 했고, 그 결과 자기 자신이 매우 불행한 지경에 이르게 되었다. 사실 그녀는 사교적이고 활달하며 개방적인 사람이었다. 그러나 어머니를 너무나 사랑한 나머지 자신을 사랑하는 일을 소홀히 하고 말았다. 남을 사랑하기 위해서는 먼저 자신을 사랑해야 하는데, 반대로 남(어머니)을 사랑하는 데 너무 많은 에너지를 쏟는 바람에 자신이 지치고 소진되는 것을 느끼지 못했던 것이다.

최 선생님은 이런 상태에서 벗어나기 위해 상담을 받았고, 가족이 각자 적절한 위치에서 제 역할을 하도록 도와주는 가족 치료 워크숍의 문을 두드렸다. 워크숍에서 그녀는 자신의 현재 모습을 '직면'했고, 반복적인 삶의 패턴에서 벗어나려는 마음을 되찾았다. 그리고 딸 자신이 스스로의 내면에 귀를 기울이면서 온전한 행복을 누리는 모습을 바라보는 것이 곧 어머니의 행복이라는 사실을 깨닫게 되었다. 고개를 돌려 자신의 삶을 바라보고 어머니가 뒤에서

지지하고 있다는 사실을 알게 되면서, 최 선생님은 무거운 짐을 내려놓았고 이전과는 달리 자유로움 쪽으로 발을 내디딜 수 있었다.

성격을 알면 '사람'이 보인다

학교에서는 진로와 직업 선택에 조언을 주고자 성격검사 결과를 적용하는 경우가 있다. 그런데 이 경우에도 성격에 따른 편견이 작용할 수 있음을 염두에 두어야 한다. 일례로 '간호사' 하면 친절한 얼굴에 조용한 말투, 환자와 눈을 맞추며 공감해주는 성격을 떠올릴 수 있다. 그런 반면, 간호사는 절단 환자의 환부를 보며 치료할 수 있는 강단도 갖추어야 한다. 친절하고 자상한 성격만으로는 간

호사가 되기에 부족한 것이다.

무엇보다 명심할 것은 특정한 성격이 특정한 직업을 대표하지는 않는다는 사실이다. 모든 성격은 모든 직업에 잘 어울린다. 어떤 직업을 선택하든 그 직업 안에서 자신의 성격에 맞는 역할을 찾아 성실히 생활하면 된다.

성격이 주는 큰 교훈은, 사람들은 모두 같지 않으며 각자 고유한 특성이 있음을 알게 해준다는 것이다. '다양성'을 배우고 내가 바라보는 세상에 맞게 상대를 바꿀 수 없음을 인정할 때 배려와 존중, 인내심도 더불어 따라올 수 있다.

교사는 학생들이 매우 다양하다는 사실을 기억해야 한다. '성격'을 공부하다 보면 각각의 학생들을 맞춤형으로 대할 수 있고, 학생이 좀 더 편안하게 교실에 머무를 수 있도록 유도할 수 있다. 학교 관리자는 교직원의 성격적인 다양함을 기억해야 한다. 각자가 지닌 장점과 각자가 추구하는 인생 목표, 수업 방식, 관계의 양상이 다르다는 사실을 인지해야 한다. 전문가를 초대해 성격 유형 워크숍 등을 학교에서 개최하는 것도 좋은 방안이 될 수 있다. 성격 차이로 인해 상처받는 구조를 파악하고 나면, 교직원 내에서 서로를 보완할 수 있는 방안을 찾을 수 있을 것이고 좀 더 나은 업무 구조를 만들 수 있을 것이다.

학부모는 학부모대로 자녀의 담임 선생님과 부모 본인의 성격이 매우 다름을 인정한 상태에서 자녀의 학교생활을 바라볼 필요가 있다. 그리고 그보다 앞서, 자녀의 성격이 아버지, 어머니와 어떤 점에서 다르고 차이점을 보이는지 객관적인 자료를 통해 파악하는 것이 좋다. 차이를 알면 자녀의 성장을 위해 부모가 각자 무엇을 해야 하고 무엇을 채워줄지, 어머니와 아버지 가운데 누가 더 비중 있게 자녀를 코칭하고 리드하는 게 좋은지 드러난다. 성격을 이해하는 것이야말로 인간관계에서 행복을 만들어가는 첫걸음이라 할 수 있다.

성격 유형을 알 수 있는 몇 가지 지표가 있다. 에니어그램(En-neagram)이라는 성격 유형 지표에서는 사람을 아홉 가지 성격으로 분류한다. 나는 에니어그램 검사에서는 4번 예술가 유형에 속하고 MBTI 테스트 결과는 ENFP 스파크형에 속했다. MBTI란 2장에서 소개했듯이, 마이어스와 브릭스가 융의 심리 유형론을 토대로 고안한 자기 보고식 성격 유형 검사다.

에니어그램 4번은 침착한 예술가형으로 남과 다름을 추구하고 세상의 아름다움을 꿈꾸며 정서적 감도가 높아 타인의 감정을 이해하는 힘이 크다. 그러나 감성에 치우쳐 감정의 기복이 큰 것도 4번 유형의 특징이다. MBTI 결과로 본 나는 따뜻하면서 정열적이고 활기에 넘치며 상상력이 풍부하고 재능이 많다. 다른 사람들에게 관심을 쏟으며 사람들에게 도움을 주는 일에 뛰어난 통찰력을 지니고 있다. 성격 테스트 결과에 따르면, 상담과 심리치료에 마음을 쏟는 것은 내 성격에 따른 자연스러운 결과로 보인다.

MBTI는 16개의 관점으로, 에니어그램은 아홉 가지 유형으로 나누어 사람을 이해하며, 지금까지는 이 두 가지가 성격을 검사하는 가장 대중적인 접근 방법으로 알려져 있다. 최근에는 앞서 소개한 LCSI라는 종합성격검사도 유용하게 쓰이고 있다. 이 검사는 (사)한국상담심리학회에서 상담심리사 1, 2급 자격 수련을 위한 검사로, 일곱 가지 특성의 프로파일을 통해 개인의 성격 유형을 파악할 수 있다. 각 유형별로 일반 성격과 대인관계, 직업 적성 및 유의점 등으로 영역을 나누고 있으며, 연구 결과를 중심으로 자세한 성격 설명을 제공한다. 이 검사에서는 또한 성격의 안정성과 일관성의 근원인 기질(캐릭터)을 파악할 수 있는 논리적 근거와 각 기질의 주요 특성 및 관찰 단서를 제공하기도 한다.

림스연구소는 인터넷(http://goo.gl/bpOS5V)에서 검사를 실시해서 자료를 제공받는 시스템이므로, 교실에서 아이들을 직접 검사할 수 있는 장점이 있다. 검사 결과에 따라 아이들의 성격 유형을 파악한 뒤 맞춤형으로 수업과 학급 운영 및 생활 지도에 적용하면 많은 도움을 받을 수 있다.

일전에 내가 근무한 학교에서는 전 교직원이 검사를 받은 뒤 워크숍을 진행한 적이 있었다. 함께 근무하는 사람들이 전부 검사를 받은 뒤 서로의 성격을 이해하고 함께 작업한 일들을 점검해보는 시간을 가졌는데, 매우 긍정적인 결과를 얻을 수 있었다. 무엇보다 학교에서 학년 담당을 선택할 때 경력이나 경험이 아닌 '사람'을 보고 선택하는 것이 바람직하다는 결론을 내게 된 것이 이 워크숍을 통해 얻은 통찰이었다.

11
건강·자살

몸이 주는 신호

앞에서 살펴본 삶의 다양한 감정들은 일회적이지 않다. 슬픔과 분노, 우울한 감정 등이 일순간 지나가면 좋겠지만, 안타깝게도 우리는 유사한 사건을 반복하여 경험하고 그로 인해 야기된 감정을 되풀이하여 경험하며 살게 된다. 그리고 이런 반복된 경험들이 우리 몸에 고스란히 영향을 미치게 된다.

앞에서 이야기했듯이 어떤 감정을 반복 경험했느냐에 따라 얼굴 표정의 일부가 만들어지는 것처럼 감정은 얼굴 근육뿐만 아니라 몸 전체에도 작용한다. 감정은 몸과 연결되어 있고, 따라서 특정한 감정을 반복하여 경험하는 것이 우리 몸을 아프게 만들 수 있다. 불안감이 복통을 유발하거나 긴장감이 어깨 통증으로 이어지는 사례를 우리는 흔히 겪는다. 이런 작은 신체적 증상이 감지되면 우리는 이를 없애기 위해 즉시 조치를 취하게 되는데, 대개의 경우는 사소한 신체의 증상을 알아차리지 못하고 넘기기 쉽다.

지금 당장, 여러분의 뒷덜미와 연결된 어깨 근육을 눌러보자. 말랑말랑하며 부드러운가? 딱딱하게 돌처럼 굳어 있는가? 뒷목은 물론이고 어깨까지 통증이 느껴질 정도로 굳어 있다면 평소 동일한 일에도 남보다 많이 긴장하거나 더 노력하는 유형이라고 볼 수 있다. 일하는 중간중간 잠시 휴식을 취하면서 심호흡을 하거나 가벼운 스트레칭을 하며 긴장을 내려놓을 수도 있는데, 목표에만 몰두해서 매진하다 보면 자신도 모르게 온몸의 근육이 팽팽하게 당겨지는 것이다. 같은 일을 하는데도 어떤 이는 과도한 긴장을 유발하고, 어떤 이는 쉬엄쉬엄 편하게 즐기듯 일을 한다. 과도하게 집중한다고 해서 결과가 더 좋게 나오지도 않는데 왜 멈추지 못하고 자신을 불태우는 것일까?

이런 사례는 단순히 어깨 뭉침에만 국한되지는 않는다. 우리가 감정을 받아들이고 이를 처리하는 방식과 몸의 증상을 알아차리는 시스템 등은 사람마다 차이가 있으며, 이것이 각 개인의 몸과 마음에 영향을 미친다.

교사의 '건강' 상태는 학교에 크고 작은 진동을 야기하므로 특별히 관리해야 할 필요가 있다. 교사가 건강하지 못하고 아프게 되면 반 아이들에게 영향을 미치게 된다. 감기에 걸려 학교에 출근한 교사는 아이들이 떠드는 소리를 평소와 달리 민감하게 느낄 수밖에 없다. 몸살 기운으로 온몸이 쑤시고 열이 올라 머리가 지끈거리는 상태에서 아이들의 떠드는 소리를 너그럽게 들어 넘기고 아이들의 실수를 객관적으로 바라볼 수 있는 교사가 얼마나 될까? 교사도 사람이므로 자신의 몸과 마음 상태에 따라 감정이 좌우될 수밖에 없다.

몇 해 전 겨울, '교사 힐링'이라는 주제로 원격 연수 프로그램을 제작한 적이 있다. 〈교사를 위한 치유, 나를 위한 회복〉이라는 이 프로그램에서는 교사가 스스로의 존재 가치를 인정하고 '내 안의 힘'으로 지치고 상처받은 자신을 위로해줄 수 있는 용기를 가질 수 있도록 돕는 데 주안점을 두었다. 이 프로그램을 진행하면서 발견한 것은, 많은 중등 선생님들이 암 판정을 받아 투병하고 있다는 사실이었다. 최선을 다해 교직 생활을 해오다 '암'이라는 갑작스런 병마와 부딪친 분들은 '죽음'에 대해 생각하고는 그제야 가족과 주변을 돌아보게 되었다고 털어놓았다. 앞만 보고 살아온 삶을 후회하는 분도 있었고, 이로 인해 학생들을 바라보는 시각이 변하게 되었다는 분도 있었다. 병은 몸이 우리에게 휴식하라고 보내는 신호다. 건강이 나빠진다고 느끼면 바로 몸과 마음을 쉬게 해야 한다. 부모이자 교사인 우리가 건강할 때 아이들도 건강하게 자랄 수 있음을 명심하자.

마음에 탈이 나면…

삼십대 중반인 이정훈 선생님은 친절하고 재치가 있으며 같은 학년 선생님들 사이에서는 분위기 메이커로 통하는 교사다. 남들과 논쟁하기보다는 웃고 즐기는 것을 좋아하며, 화가 나도 금세 풀리는 성격이다. 평소 갈등이나 의견 차이가 생기는 것을 싫어해 불편한 일이 생겨도 본인이 참고 넘기거나 그 자리를 피하는 편이었다. 그런 이 선생님은 두 학교에서 즐겁게 교직 생활을 하고 새 초등학교에 발령을 받았다. 새로 발령을 받은 학교에서는 이 선생님에게 과학과 정보 담당 부장교사와 함께 6학년 부장교사도 맡을 것을 제안했다. 학교 규모가 작아서 일이 많이 주어지는 것이라고 짐작했고, 발령 초기부터 거절하는 것은 예의가 아니라는 생각에 이 선생님은 일을 수락했다.

그런데 시간이 지날수록 무언가 이상하다는 느낌이 들었다. 모든 교사에게 동등하게 역할이 배분되리라 생각했는데, 자신에게 일이 굉장히 많이 몰려 있는 것과 달리 다른 선생님은 업무가 그다지 많지 않았던 것이다. 자세히 보니 학교에는 퇴임을 얼마 안 남긴 교사가 많았고, 관리자는 상대적으로 일을 만들어 하는 스타일이 다 보니 이제 막 발령을 받은 이 선생님에게 여러 짐이 떨어진 형국이었다. 이 선생님에겐 퇴근 시간까지 끝낼 수 없을 정도로 일이 많이 쌓였고, 마음과는 달리 일처리에서도 실수가 잦았다. 평소 규율에 얽매이지 않고 자유롭게 행동하는 편인 데다 에너지가 넘치고 일처리 하는 속도도 빠른 이 선생님이었지만, 많은 역할이 주어지고 동시에 사람들 간의 갈등을 조율하는 부장교사 자리까지 맡다 보니 하는 일이 점점 벅찼다. 그러나 인정받고 사랑받고자 하는 욕구가 많아서 일을 어떻게든 끝내려고 늦은 시각까지 학교에 남아 있는 일이 많았다.

이 선생님은 밀려드는 업무를 좀 더 효율적으로 처리하기 위해서 창의적인 계획을 세우고 아이디어를 제안했다. 하지만 익숙하고 안전한 방식과 완벽한 결과를 추구하는 관리자는 이 선생님 의견에 반대했고, 번번이 거절하기 일쑤였다. 이 선생님은 많은 업무를 떠맡았으면서도 동료 교사들에게 수고했다는 말 한마디 듣지 못했고, 반복되는 업무와 잦은 야근에 조금씩 지쳐갔다. 자주 어깨가 아팠고, 눈은 혈관이 터져 벌겠으며, 입 주변에 수포가 올라왔다. 하지만 쉴 여유조차 없었다. 오늘 일을 미루면 내일 두 배로 해야 한다는 부담감이 마음을 무겁게 눌렀다. 다른 사람에게 업무를 대신 해달라고 할 수도 없었다. 짐을 떠넘기는 것 같았고, 이토록 짜증나고 지루한 일을 대신 해줄 사람도 없어 보였다. 야근을 마치고 퇴근하면 집에서 맥주 한잔하는 것으로 스트레스를 풀었고, 마음이 통하는 몇몇 친구들과 담소를 나누는 것으로 답답함을 해소했다. 그래도 학교에 출근하면 최선을 다했고, 좋은 동료 교사, 일처리를 깔끔하게 하는 능력 있는 교사가 되기 위해 노력했다.

그러던 어느 날 아침, 이 선생님은 자리에서 일어나 욕실로 가던 중 허리에 격한 통증을 느꼈다. 평소와 전혀 다른 통증에 놀란 이 선생님은 몸을 웅크렸다. 잠시 누워서 통증을 가라앉히려 했지만 마음과 달리 통증은 점점 심해졌다. 다시 일어섰지만 걸을 수 없었고, 격심한 고통에 자리에 주저앉고 말았다. 통증은 점점 커졌고 곧 참을 수 없는 지경에 이르렀다. 다리까지 통증이 내려왔고 온몸이 고통스러웠다. 놀란 이 선생님은 곧장 병원으로 향했다. MRI 검사 결과 이 선생님은 척추뼈 사이에 자리한 디스크가 뒤로 밀려나오면서 신경을 누르는 허리디스크(추간판탈출증)로 판명되었다. 이 선생님은 곧바로 병원에 입원하게 되었고, 꼼짝없이 병원 생활을 해야 했다.

사실 이 선생님의 증상은 하루하루 조금씩 나타나고 있었다. 일을 과하게 하거나 학교에서 장시간 야근하는 날에는 꼬리뼈 쪽에 묵직한 통증이 자리했고, 허리가 뻑뻑한 느낌이 들어 허리 찜질기를 이용해 찜질을 하곤 했지만 이 증상이 이렇게 크게 발전할 줄은 몰랐다. 디스크는 척추뼈 사이에 자리한 말랑한 뼈인데 오랫동안 잘못된 자세로 장시간 자리에 앉아 일하면서 허리뼈와 디스크가 밀려 나오게 된 것이다. 이 선생님은 작은 통증을 때때로 느꼈지만 그때마다 일시적인 통증으로 치부하고는 몸에서 주는 신호를 무시하고 말았다. 그 후 이 선생님은 병원 진단에 맞춰 6주간의 병가를 냈다. 그러나 자신이 해야 할 일을 누군가 맡게 될 것을 생각하니 마음이 편치 않았다. 무엇보다 6학년 담임을 대신 맡겨야 한다고 생각하니 아이들에게도 미안했고, 임시 담임을 맡아줄 선생님에게도 미안했다. 통증 때문에 화장실조차 제대로 못 가면서도 이 선생님은 이런저런 걱정으로 편히 쉴 수도 없었다.

이 선생님의 증상은 학교에 '공백'이라는 진동을 만들었다. 이 선생님의 빈자리는 이 선생님의 예상처럼 기간제 교사가 교실을 담당하게 되면서 작은 부작용이 생겼다. 아이들은 붕 뜬 상태로 생활했고, 임시 담임 선생님의 말을 제대로 듣지 않으면서 크고 작은 갈등이 불거졌다. 그리고 이 선생님이 예상했던 것처럼 과학, 정보, 6과 부장 업무를 여러 사람이 나누어 처리하게 되면서 다른 교사들의 불편함이 가중되었다. 동료 선생님들은 마음으로는 이 선생님의 병가를 이해했지만, 이 선생님을 대신해서 관리자를 상대하는 일만큼은 피하고 싶었다. 자기 업무가 아닌 일로 관리자와 불편한 대면을 하는 일도 마뜩잖았다.

그러나 이번 진동의 결과는 오래전부터 학교에서 빌미를 제공한 탓이 컸다. 학교를 도구화하여 다른 학교와는 비교가 되지 않을 정도로 압도적인 업무량을 만든 성과 중시의 교장 선생님이 한 축을 형성했고, 이런 분위기에서 새로 발령받은 젊은 교사에게 골치 아픈 업무를 '몰아주기'한 기존의 동료 교사들이 다른 한 축을 형성했다고 볼 수 있었다. 이런 분위기가 팽배한 학교에서 모든 부담을 얼떨결에 맡은 이 선생님은 과한 에너지를 쏟아야 했고, 마음의 상처를 쉽게 받는 성격이 한몫을 더해 신체적인 병으로 불거진 것이다. 아마도 이 선생님의 추간판탈출증은 관리자의 진동, 틀어진 조직 문화, 사라진 동료 의식, 이 선생님의 성격이 종합하여 만들어 낸 결과라고 보는 것이 알맞을 것이다.

이 학교의 진동은 여기서 끝이 아니었다. 병가가 끝나고 학교에 복귀한 이 선생님은 계속해서 이어지는 감정적인 불편함을 감수해야 했다. 공석에 대해 죄책감을 느꼈던 이 선생님은 자신의 업무를 대신한 교사들을 일일이 찾아가 감사의 말과 함께 죄송하다고 사과 인사를 전해야 했다. 그리고 반 아이들에게도 담임의 부재를 사과하며 미안한 마음을 전해야 했다. 이 선생님에게는 이번 한 해가 '트라우마 경험'으로 짙게 남아 새로운 업무를 맡는 것에 두려움이 생겼고, 약간의 건강 염려증까지 생겼다. 그러나 나름대로 교훈은 있었다. 관리자는 과중한 업무가 또 다른 문제를 낳을 수 있음을 몸소 확인했으므로 과학부장과 정보부장을 다른 교사에게 맡도록 했고, 업무 분장을 조절하게 되었다.

나를 지키는 것

가정에서 만드는 진동은 아이의 건강에 직접 영향을 미치기도 한다. 부모와의 관계에서 빚어지는 분노와 슬픔은 자녀의 마음에 결핍을 가져온다. 그리고 그 결핍은 '중독'을 불러일으켜 아이의 삶 전반을 지배하게 된다.

> 대학생인 필재는 PC방에서 며칠째 게임에 몰두하고 있었다. 게임 속 캐릭터를 죽여 얼른 게임 레벨을 올려야 했다. 목표를 채우기 위해서는 한시도 자리를 뜰 수 없었다. 앉은 자리에서 컵라면으로 끼니를 때우고 게임 중간중간 쪽잠을 자면서 몇 날 며칠 게임에 몰두했다. 그러던 어느 날 화장실에 가려던 필재는 그 자리에서 그만 쓰러지고 말았다. PC방에서 일을 하던 아르바이트생이 그 모습을 발견하고 119에 신고했지만 필재는 죽고 말았다. 사인을 조사한 결과 필재는 다리의 정맥에 생긴 핏덩어리가 떨어져 나와 폐혈관을 막은 폐혈전색전증으로 사망한 것이었다.

　이와 관련하여 KBS2 방송에서는 다큐멘터리 〈죽음을 부르는 인터넷 게임 중독〉을 다룬 바 있다. 이 프로그램에서는 장시간 자리에 앉아 있는 자세가 우리 몸에 어떠한 변화를 가져오는지 실험하였다. 20대 초반의 젊은 남성에게 게임을 장시간 하도록 한 뒤 초음파로 혈류 속도를 측정했는데, 놀랍게도 게임을 시작한 지 세 시간 뒤부터 혈류 속도가 느려지고 여섯 시간이 지난 뒤에는 혈액이 역류해 혈전(굳은 혈액)이 만들어지는 것을 확인할 수 있었다. 이 증상은 장시간 비행기를 탔을 때 나타나는 이코노미클래스 증후군과 같다.

　필재의 죽음은 '결과'에 해당한다. 필재의 증상은 '게임 중독'이었다. 앞에서도 살펴보았듯이 중독은 그냥 만들어지는 것이 아니라 내면의 공허함과 고통 등을 잊기 위해 특정한 대상에 의존하는 과정에서 발생한다.

학교에서도 이 같은 중독 증세는 쉽게 찾아볼 수 있다. 교실에는 책상에 엎드려 잠을 자거나 무력감에 사로잡혀 있는 학생이 늘 있다. 이들은 늘어져 있다가도 틈만 나면 스마트폰을 꺼내 들고는 화면을 응시한다. 움직임은 없고 대신 시선만 작은 화면에 고정할 뿐이다. 이런 아이들의 목과 어깨, 등을 만져보면 딱딱하고 뻣뻣하게 굳어 있음을 알 수 있다. 이런 아이들에게는 꾸중을 하거나 처벌을 주기보다는 몸을 이완시키고 움직임이 많은 활동을 시키는 게 도움이 된다. 몸을 움직이면 호흡이 늘어나고, 혈액이 활발하게 몸 구석구석을 돌게 된다. 폐에 평소보다 많은 산소가 유입되며 원활한 혈액 흐름이 뇌에 충분한 산소를 공급해 무기력한 정신을 깨워줄 수 있다.

교사들 또한 불필요한 공문과 행정 업무를 처리하느라 컴퓨터 앞에 오랫동안 앉아 있는 일이 많다. 학교 시스템이 전반적으로 교사에게 부담을 주지 않는 쪽으로 바뀌는 일이 무엇보다 시급하지만, 교사 스스로 자신의 스트레스를 관리하고 어깨와 목의 긴장을 풀어주는 가벼운 운동 등을 하면서 아프지 않도록 개인이 스스로 몸을 관리해야 하고, 불편한 감정이 몸으로 연결되지 않도록 노력해야 한다. 학교 관리자는 학교 시스템이 교사를 병들게 하지 않는지 늘 열린 자세로 돌아볼 필요가 있다.

부모 역시 스스로의 건강을 잘 돌보아야 한다. 특히 자녀가 어렸을 때 부모가 건강하지 못하면 그 영향은 자녀에게 더 크게 전달된다. 발달의 특정한 시기에 받아야 할 부모님의 사랑, 역할 등은 어느 누구도 대신해줄 수 없다. 부모가 심하게 병을 앓는 경우 자녀들은 '내가 대신해서 아프면 좋겠다.' '내가 희생해서 부모를 살리고 싶다.'는 욕망을 품게 된다. 나이다운 삶을 제대로 누리지 못한 채 일종의 '결속'이 자리 잡게 되는 것이다. 어린 심청이 인당수에 몸을 던져 아버지의 눈을 뜨게 하려는 판타지를 지금 이 시대의 우리 아이들에게 심어주지 않기 위해서는 무엇보다 부모의 노력이 앞서야 한다. 부모가 심하게 아플 경우 자녀는 심한 죄책감을 느낀다. 그러다 부모가 사망할 경우 자신의 정성이 부족해 부모님을 살리지 못했다는 과도한 자책과 책임 의식이 슬픔과 우울증으로 발전하기도 한다. 어린 나이에 부모를 여의는 슬픔은 자녀에게 결핍과 불완전한 마음도 남기게 되므로, 부모 된 이들은 자신의 건강을 지키는 것이 곧 자녀를 지키는 길임을 명심해야 할 것이다.

자살 뒤에 남는 사람들

부모의 건강과 함께 돌아보아야 할 문제가 바로 부모의 '자살'이다. 자살은 그저 단순하게 일어나는 사건이 아니다. 여러 복합적인 감정이 실타래처럼 엉켜 빚어지는 일이며, 가혹한 시간과 고민의 무게가 더해진 결과 만들어낸 결과물이 바로 '자살'인 것이다. 자살은 때로는 '내가 죽은 것을 보고 당신이 고통스러워하면 좋겠어요.'라는 말을 건네기도 하고, '더 이상 고통을 느끼지 않는 편안한 상태가 되고 싶어요.'라는 마음을 건네기도 한다.

8장에 나온 여진이를 떠올려보자. 여진이의 어머니는 남편의 사업 실패로 고민을 하다 '자살'을 선택했다. 보금자리였던 아파트의 꼭대기 층으로 올라가 죽음에 대해 전혀 생각지 않았던 어여쁜 딸을 아파트 아래로 밀어버렸고, 뒤이어 여진이의 동생을 안고 뛰어내렸다. 여진이 어머니에게 그 죽음은 자살이었지만, 여진이와 동생에게 그 죽음은 타살이었다. 사업에 실패했다는 사건과 '자극'에 대해 여러 해결 방법을 고려할 수 있었을 텐데 여진이의 어머니는 끔찍한 죽음을 택했다. 여진이 어머니가 삶에서 겪은 어떤 경험이 그런 결정을 하도록 그녀를 내몰았을까? 양육 과정에서 어떤 사건이 그녀가 미래의 삶을 바라보는 프레임을 만들었고, 그 프레임이 '내가 자녀에게 준 생명이니 내 마음대로 해도 된다'는 오만한 생각을 하게 만들었을까.

최근에는 부모와 학생의 자살이 '충동'적으로 이루어지는 사건을 종종 보게 된다. 부부 싸움을 하다가 자녀가 보는 앞에서 베란다 너머로 몸을 던져버린 어머니, 부모의 아픔을 보면서 자신도 아픔에 동참해 함께 연탄불을 피우고 "엄마하고 먼저 가요. 서운해하지 마세요."라는 유서를 남긴 중학생, 계약 문제로 다투다가 몸에 인화 물질을 뿌리고 분신을 한 어머니……. 이들 뒤에 남겨진 자녀, 아버지, 그리고 초등학생 딸은 이후 어떤 삶을 살아가게 될까? 그리고 이들과 함께 생활했던 반 친구들은 어떤 진동을 받게 되었을까?

이 외에도 여러 자살과 관련된 뉴스를 보면 감정이 극도로 증폭된 상태를 보게 된다. 분노가 극도로 쌓여서 극도의 우울로 치닫게 되거나 반복된 슬픔과 좌절의 경험으로 인한 수치심 때문에 타인의 삶을 송두리째 뒤흔드는 사례도 많다. 상처받은 이들이 가정과 학교, 직장에서 어린 자녀와 학생들, 동료들에게 상처를 전달하고 여기에서 파생된 수치심과 상처, 슬픔 등이 다시 마음이 병든 사람들을 양산하게 된다. 이 끝없는 사이클을 종식시키기 위해서는 지금 있는 이 자리에서 각자가 자신의 몸과 마음을 돌아보아야 한다.

앞서도 말했듯이 건물에 작은 금이 생겼을 때 재빨리 손을 쓰면 보수하기가 쉽지만 시간이 지나 금이 많이 가고 점점 틈이 벌어지면 시간과 비용이 많이 드는 것처럼, 마음의 병도 초반에 잘 다듬고 보살펴 전문가의 도움을 받을 필요가 있다.

고통의 크기만큼 그 고통을 이겨낼 수 있는 힘이 있음을 기억해야 한다. 그리고 현재의 생활이 내 삶의 모든 것을 대표하는 것이 아님을 명심하며 세상에는 좋은 사람이 많고 도움을 줄 수 있는 사람이 있음을 기억하자. 무엇보다 삶을 따뜻하고 긍정적으로 바라보는 자세를 잃지 않는 자세가 중요하다.

12
상처·성장

처음엔 행복이었어요..
첫째가 태어났을 때다요..
하지만.. 아이가
(데이비.여)
둘째가

하지만 남편은
안좋은 행동이랑
이혼하쟤요.

→ 너에게 돈은
하지마

나 돌아가면
그동안..

남편은

양심이 잘해야지
사랑해줘라
살아야지..

당신 아빠나 당신도 똑같아
아빠도 돌아서서 자식 행복했어..

뚝기하지 말고
잘아 둘거야~

어떤 관점을 선택할 것인가

앞에서 우리는 여러 감정과 관련된 진동과 이에 대한 치유 과정을 많은 사례로 살펴보았다. 이들이 어떤 아픔과 상처를 갖고 살아왔으며, 심리상담을 거쳐 이를 어떻게 극복하고 어떻게 삶의 작은 변화를 만나게 되었는지도 되짚어보았다.

할머니의 죽음으로 우울하고 무력하게 생활하다 역할 바꾸기 기법으로 참여한 단 한 회기의 심리극 상담에서 '죽음에서 삶'으로 향하는 큰 변화를 만난 혜진이도 있었고, 폭력성을 드러내며 분노를 조절하지 못했던 재근이처럼 상담을 통해 '현재 상태를 점검'하고 가족 전체가 치료와 상담을 받아 변화를 위한 한 걸음을 떼게 된 경우도 있었다.

이번 장에서는 앞서 등장했던 에피소드들을 여러분이 어떤 마음 자세로 읽고 받아들였는지를 점검해보고자 한다. 다른 이들의 이야기를 상처와 고통으로 바라보며 심각하게 받아들였는지, 심리치료 과정을 거쳐 어떻게 변화하고 성장하게 되었는지에 초점을 맞추어 읽었는지……. 어떤 관점으로 읽는가는 개인의 선택이지만, 이 또한 앞서 말한 음료수를 바라보는 관점(음료수가 절반밖에 남지 않았어, 절반이나 남았어)과 연결되는, 더 나아가 삶을 바라보는 관점과 연결되는 것이기 때문이다.

우리는 대개 고통과 고난에 직면하게 되면 '내 삶은 왜 이럴까? 왜 나에게만 이런 시련이 생기는 것일까?'라는 생각으로 더 크게 좌절하고 절망할 때가 있다. 하지만 '고통의 크기만큼 힘의 크기는 비례한다'는 말이 있다. 힘든 일은 끊임없이 우리 삶에 자리하지만 지금 현재 '오늘을 맞이했다'는 것은 과거의 고통을 이겨냈다는 증거이기도 하다. 시간이 지나고 나면 고통이 나의 삶에 중요한 가치를 선물했고, 내게 세상을 바라보는 새로운 '눈'을 만들어주었음을 알게 되는 것이다.

개인심리학을 수립한 오스트리아 출신의 정신의학자 알프레드 아들러(Alfred Adler)는 열등감이 보상으로 이어지고, 개인의 성장과 발달은 열등감을 극복하려는 시도에서 나온다고 했다. 그리고 모든 사람은 미완성에서 완성으로 나아가려는 동기를 가지고 있다고 했다. 아들러의 말처럼 때때로 우리의 삶에 자리한 아픔이나 고통으로 인해 우리가 '성장'할 수 있다는 생각을 해보자. '상처 또한 우리에게 성장을 선물하기' 때문이다.

내가 심리치료를 공부하게 된 것은 채린이라는 아이와의 인연 덕분이었다. 당시 초등학교 6학년이던 채린이는 담임인 나를 굉장히 싫어했다. 어머니를 때린 아버지, 그리고 이어진 이혼과 아버지의 재혼을 거치면서 생긴 가정의 변화 때문이라고 생각했지만, 당시 나로서는 나를 밀어내기만 하는 채린이를 감당할 수가 없었다. 채린이의 마음을 돌리고 싶어서 수업 시간에 교실에서 다양한 활동을 시도했지만 채린이는 나를 일방적으로 거부하기만 했다. 그 태도에 상처를 받았고, '나는 노력과 사랑을 주는데 너는 미움과 거부만을 주는구나'라는 생각에 마음속에 분노가 자리 잡았다. 눈

앞에서 당장 바뀌지 않는 채린이의 모습을 이해할 수 없었고, 활동을 거부하는 모습이 싫어 미리 화를 내기도 했다. 그런데 티격태격 1년을 보내고 졸업식이 끝난 뒤, 채린이는 내게 처음으로 마음이 담긴 쪽지를 전달했다. 그 안에는 이런 내용이 쓰여 있었다.

"선생님, 전 아빠가 너무 싫어요. 아빠는 무섭고 용서할 수 없어요. 근데 아빠랑 선생님이랑 목소리가 거의 똑같아서 교실에 있기 싫었어요. 저도 모르게 자꾸만 선생님에게 화를 냈어요. 그건 미안해요."

그 마음을 전달받고 나는 채린이를 눈앞의 겉모습으로만 보았던 나 자신이, 그간 채린이에게 화내고 독설을 퍼부었던 나의 행동이 견딜 수 없이 부끄러웠다. 이 일을 겪은 뒤 나는 수업의 기술과 기법이 중요한 게 아니라 '아이들의 마음'이 먼저라는 생각을 하게 되었다. 그래서 심리치료를 공부하기 위해 대학원에 진학했고, 상담 공부를 시작하게 되었다. 이후 한국심리극역할극상담학회에서 전문가 과정을 밟아 1급을 따고 수련감독급을 위한 공부를 하고 있다.

심리 공부를 하면서부터 여러 심리치료 워크숍에 참여하는 것은 어느덧 내 일상이 되었다. 크고 작은 심리치료 과정에서 내가 알게 된 사실은 아이들에게는 문제가 없다는 것이었다. 문제는 바로 아이들을 바라보는 나 자신의 시선에 있었다. 그리고 나의 시선은 과거 부모와의 관계에서 생긴 사랑과 애착에 대한 문제와 이어져 있었고, 아버지와의 관계에서 생긴 분노가 제대로 해결되지 못한 채

학생들에게 영향을 미치게 되었다는 사실이었다. 나의 과거 트라우마와 불편한 감정을 하나씩 다듬고 해결해가면서 생긴 통찰은, 채린이를 만났던 그해와 달리 조금씩 변화를 맞게 되었다. 무엇보다 아이들을 바라보는 눈이 편해지고 사건을 객관적으로 바라보게 되었으며 아이들의 마음을 어루만지는 교사에 한 발 다가서게 되었다. 그리고 교사와 부모의 상처를 어루만지는 심리치료사의 영역에도 발을 딛게 되었다.

  내가 이곳에서 얻게 된 수많은 통찰과 삶의 지혜를 어찌 설명할수 있을까? 생각해보면 채린이가 이 길로 나를 인도했고, 나를 성장시켰다고 할 수 있다. 지금 내 가족과 교실에서 만나는 여러 행복감, 내 삶의 변화를 생각하면 채린이에게 그저 고마울 따름이다.

상담치료의 조건

　지금 당장 자신의 어깨를 짓누르는 고통에서 벗어나는 일은 무척 어려운 일이다. 과거의 아픔이 현재에도 작용하고 있거나 현재의 고통이 내 모든 삶을 흔들고 있다면 어떻게 미래의 성장을 떠올릴 수 있겠는가! 감정에 휩싸여 있다면 상황을 객관적으로 바라볼 수 없다. 상처가 성장으로 이어지기 위해서는 전문가의 도움을 받는 것이 좋다.

　상담과 심리치료의 효과를 보기 위해서는 검증되고 효과가 좋은 곳을 수소문해서 찾아가야 한다. 요즘은 상담기관을 쉽게 찾을 수 있지만, 나에게 적절하고 맞는 곳을 만나기란 생각처럼 쉽지 않다. 어렵게 상담실 문을 두드렸는데, 그곳에서도 자기 마음의 불편함이 어디에서 비롯했는지, 그리고 어떻게 조금씩 행복을 만들어나가야 할지 전혀 도움을 받지 못한다면 상담과 심리치료 자체에 부정적인 생각을 하게 될 수도 있다. 상담소를 찾을 때는 상담자가 수많은 내담자를 만난 경험이 있는지, 다양한 사례를 효과적으로 다룬 분인지를 알아보는 것이 좋다. 이런 분이라면 여러분의 문제를 좀 더 명확하게 정리해줄 수 있다. 과장된 소문으로 부풀려진 상담소도 간혹 있으니 각별히 주의해야 한다.

　심리치료의 장에서 볼 때 내담자는 대개 세 유형으로 나뉜다. 첫 번째는 문을 노크하고 들어와 자신에게 어떤 문제가 있는데 해결하도록 도와달라고 또박또박 말하는 유형이다. 두 번째는 자신에게 문제가 있는 것 같기도 하고 없는 것 같기도 한데, 제3자가 가 보라고 해서 온 유형이다. 이분들은 본인의 문제가 무엇인지 잘 모르고 있으며, 막상 오긴 했는데 어떻게 해야 할지 판단이 안 서는 분들이다. 세 번째는 자기 문제는 자신이 잘 해결하고 있으니 신경 끄라고 말하는 유형이다.

세 유형 가운데 상담의 효과가 가장 큰 집단은 당연히 자신의 문제점을 인지하고 온 첫 번째 집단이다. 이들은 이미 마음속에 상담을 받을 준비가 되어 있고, 전문가의 상담과 치료에 적극적인 자세를 취한다. 따라서 변화는 극적이고 또 자연스럽게 일어난다. 다시 말해, 전문가의 방문을 두드리는 순간 치유가 시작되는 것이다.

9장 트라우마 편에 등장한 경환이는 첫 번째 유형에 해당하는 사례자였다. 경환이를 통해 심리치료가 한 개인에게 어떠한 변화를 가져오는지 살펴보자.

경환이는 담임 선생님의 체벌로 고등학교 1, 2학년 때 방황의 시기를 보냈다. 농구와 브레이크댄스 등에 빠졌고, 학교에 적응하지 못했다. 경환이가 고등학교 3학년이 되었을 때 대학 입시제도가 바뀌었다. 수능제도가 도입된 것이다. 첫 모의고사를 보고 난 뒤 경환이는 자신이 전국의 어떤 대학도 갈 수 없음을 알게 되었다. 경환이는 정신이 번쩍 들었다. 학교에 대한 미움, 1학년 때 담임 선생님에 대한 미움도 있었지만 무엇보다 하위권 성적표를 받고 하염없이 눈물을 흘리던 어머니의 모습이 가슴에 각인되면서 죄책감이 들었다. 경환이는 과거의 분노, 슬픔을 되새기기보다는 지금 현재 변해야겠다는 의지를 세우기 시작했고, 곧 마음을 다잡았다.

그동안 만났던 친구와의 관계를 조금씩 정리하고 1학년 때 문제집부터 외우고 풀기를 새벽까지 반복했다. 그렇게 몇 달을 지내자 국어와 영어를 제외한 과목의 성적이 올라가기 시작했고, 그해에 보게 된 수능 점수는 중위권 대학에 진학할 정도의 성과를 냈다. 늦게 공부에 대한 마음을 가다듬은 경환이는 재수를 거쳐 교육대학교에 진학하게 되었다.

대학 생활을 보낸 뒤 교사가 된 경환은 가끔 자신을 체벌했던 교사를 떠올렸다. 그래서 자신은 반대의 교사가 되어야겠다고 마음먹었다. 자기 교실에서는 체벌 도구를 모두 버렸고, 엄하고 무서운 교사보다는 따뜻하고 밝은 교사가 되기로 마음먹었다. 학생들이 교실에 들어올 때면 밝게 안아주거나 하이파이브로 맞이했다. 재미있는 이야기를 들려주고 놀이를 하면서 학생들이 저절로 교실에 올 수 있도록 만들었다. 학생들은 신이 났고, 경환은 자신이 의미 있는 교사가 되는 듯해 학교생활이 즐거웠다. 하지만 학교의 관리자가 바뀌면서 경환은 또 다른 어려움을 겪게 되었다. 새로 발령받은 관리자는 권위적이고 독단적인 사람이었다. 일방적인 상의하달을 하기 예사였고 자유로운 의사소통의 통로는 부재했다. 학생들과의 관계와 달리 관리자와 자꾸만 틀어지는 일이 생기자, 경환은 자신도 모르게 관리자 앞에 가면 몸이 움츠러들고 주눅이 들었다. 관리자가 조금이라도 언성을 높이거나 독단적으로 행동하는 것을 볼 때면 화가 치밀었고, 학교 예산을 관리자 개인의 이익을 위해 사용하거나 교직원을 개인적인 용무에 동원하는 등 부당하게 처신할 때는 분노를 참을 수 없었다. 경환은 애꿎은 아이들에게 화풀이를 하기 시작했고, 교실에서 의자를 집어 들면서 아이들에게 소리를 지르는 행동도 서슴지 않게 되었다.

경환은 자신의 폭력적인 성향이 드러나자 과거 자신을 때렸던 담임 선생님을 떠올렸다. 마음속 화를 제대로 참지 못한다면, 자기 자신 또한 예전의 담임 같은 사람이 될지 모른다는 위기감이 몰려왔다. 이런 고민을 하던 중 정서상담 워크숍에 참여하게 되었고, 그곳에서 과거 담임 선생님과의 일(트라우마 경험)을 치유하게 되었다.

그 뒤 경환은 위로받고 격려받는 작업을 거쳐 현재 관리자와의 갈등을 점검하게 되었다. 관리자가 과거 자신을 체벌했던 담임과 다른 사람임을 인지했고, 과거 아버지와의 관계가 현재 관리자를 바라보는 눈을 만들었음을 이해했다. 감정적으로 막힌 정서가 터져 나오고 자기 문제의 근원을 확인하면서, 경환의 생활은 워크숍 이후에 많은 변화를 맞았다. 조금씩 관리자의 말과 행동을 이해하게 되었고, 사람들 간의 차이 또한 이해하게 되었다. 무엇보다 무대 위의 배우와 같은 '따뜻한 교사'가 아닌 진정한 '따뜻한 교사'가 될 수 있었다.

경환의 경우에는 과거의 트라우마 경험이 '따뜻한 교사'로 가게 되는 힘을 만들었다. 엄한 담임 선생님, 엄한 아버지와의 일이 자연스럽게 경환의 마음에 끌림을 만들었고, 의미 있는 일을 하려는 힘을 만들기도 했다. 따뜻한 교사이긴 하나 반쪽짜리 따뜻함에 그칠 뻔했던 경환은 전문가의 손을 붙들면서 온전한 성장으로 나아갈 수 있었다.

이경환 선생님의 사례에서 볼 수 있듯, 내재된 불안감은 새로운 것을 찾게 하는 원동력이 되며, 내면의 화는 진취적이면서 열정적인 힘으로 발전하기도 한다. 과거의 아픈 경험(때론 상처)은 때때로 남이 보지 못하는 것을 보게 만들고 또 다른 '힘'을 부여해 자기 삶에 박차를 가하기도 하는 것이다.

문을 두드리자. 그리고 변화를 찾아서 만들어나가자. 시행착오도 겪겠지만, 결국은 자신을 성장으로 이끌 것이다. 변화의 시작은 미미하겠지만 자신에게 맞는, 자신의 상처를 성장으로 바꿀 수 있는 프로그램을 만날 수 있다. 앞에서도 이야기했지만 주변에 상담센터는 많아도 자신과 맞는 곳을 찾기란 매우 어렵다. 게다가 상처의 진동은 어른들이 만든 것이 훨씬 큰데 요즈음은 아이들을 대상으로 하는 상담센터에 집중하는 경향이 크다. 이런 곳일수록 상업성에 치우칠 공산이 크므로 세심하게 살펴야 한다.

마음이 속상할 때 가까운 친구에게 속 이야기를 털어놓듯이 가까이에 내 마음을 들어줄 따뜻한 전문가가 많으면 좋겠지만, 아직 우리 사회는 심리상담을 전문으로 하는 기관이 부족한 게 현실이다. 따라서 스스로 '자가 진단하고 자가 처방'을 하는 게 급선무다.

자기 자신을 파악하는 것을 '진단'이라고 한다. 대개 우리는 자신의 경험을 바탕으로 자신을 진단하곤 한다. 그리고 이때의 경험은 직접적인 것일 수도 있고 주변 사람들이나 책, 또는 영상을 통해 얻은 간접 경험일 수도 있다. 그러나 경험은 극히 제한적이고 주관적이므로, 정확한 진단에는 그다지 소용이 없다. 따라서 객관적인 심리검사 등으로 자신의 상태를 진단하는 것이 중요하다. 그리고 상담을 통해서 내 마음의 불편함이 어디에서 기인했는지 전문가와 이야기를 나누어야 한다.

내가 남에게 받은 '진동'에만 초점을 맞추어 내 안에 자리한 분노, 슬픔, 수치심 등을 다른 누군가의 불편한 '진동'으로 연결시키고 있지 않은지, 내 상처를 나를 힘들게 했던 당사자가 아닌, 그를 대신할 다른 대상에게 투사하고 있지는 않은지 돌아볼 필요가 있다. 자신이 성인이고 학생을 가르치는 교사이거나 자녀를 양육하고 있는 부모라면 자신이 만드는 진동에 책임을 지고 보다 좋은 진동(따뜻함, 감동, 성장 등)으로 바꿀 필요가 있다. 전문가에게 상담을 받거나 특정 프로그램에 문을 두드리는 것은 많은 용기가 필요한 일이다. 하지만 정말 내 자녀를 위해, 내 아이들을 위해 용기를 내보자. 그리고 이 일을 실행하기 가장 적절한 때는 바로 지금이다.

13
전문상담

상설 심리센터의 필요성

13장과 14장에서는 학교와 관련된 상담과 심리치료의 현주소를 살펴보고자 한다.

학교는 여러 진동이 일어나는 곳이다. 그리고 이 진동은 현재에도 학교 안에서 보이지 않는 많은 작용을 한다. 학교에 자리한 진동이 어디에서 출발했으며 어떤 결과를 만들어낼지 파악할 수 있다면 어떻게 진동을 다듬고 바꾸어야 할지도 알 수 있을 것이다. 하지만 현행 학교 구조와 사회 시스템은 발생한 문제의 원인에 집중하기보다는 '현재 맞닥뜨린 문제 상황'에만 집중하고 있다. 따라서 결과에 대한 처벌에만 강조점을 둔다. 학교는 학력 향상에만 매진하며, 아이들의 내면을 돌보지 않은 지 꽤 오래다.

현재 학교에는 행복한 사람이 많지 않다. '용서와 이해'가 자리 잡기보다는 상처가 상처를 만들고 진동이 진동을 낳는 일이 더 많다. 각자 생존을 위해 움츠러들거나(정지), 피해버리거나(도망), 싸우는(투쟁) 모습만 팽배하다. 학교에 근무하는 교사는 가르치는 것이 본업이다. 학생생활, 진로와 관련된 '상담'을 교사가 어느 정도 맡고는 있으나 내면의 문제를 치료하는 것은 불가능하다. 하지만 학교 선생님들은 이것까지 해내야 한다는 무언의 압력을 받고 있다. 그들은 전문적인 훈련을 받지 못했고, 교사 자신도 자신의 문제를 해결하지 못한 채 교사의 자리에 서 있다. 심리치료를 교사에게 기대해서는 안 되는 또 다른 이유가 여기에 있다.

가르치는 일은 교사가, 심리치료는 '심리치료사'가 하는 것이 당연한데 아직 우리 사회는 그 필요성을 깊게 인식하지 못하고 있다. 검증된 심리치료사가 되기 위해서는 대학 전공 학부, 대학원 등의 공부를 마치고 학회 등을 통해 몇백 시간의 수련과 임상 경험을 쌓아야 한다. 그런 뒤 상담 관련 기관에서 근무하면서 상담 경험을 쌓아야 한다. 반면 교사는 대학 과정 동안 교육 관련 공부를 하고 임용고시를 거쳐 학교에서 근무한다. 학생을 가르치고 연구하고 수업을 만든다. 큰 줄기로 나누어도 엄연히 서로 다른 분야다.

현재 일선 학교에는 '위(Wee)클래스'가 운영되고 있다. 이곳에서 상담을 하거나 거주 지역 가까이에 있는 위(Wee)센터에서 상담을 신청하고 받을 수 있다. 학교에서 운영하는 위(Wee)클래스는 학교생활에 어려움을 겪는 학생들이 즐겁게 학교생활을 할 수 있도록 휴식 시간, 점심시간, 방과 후 등 언제나 열려 있는 학생들의 쉼터이며 고민을 이야기할 수 있는 감성 소통 공간이다. 이용 대상은 학습 부진 및 학교 부적응 학생뿐만 아니라 일반 학생들도 포함되는데, 이곳이 열린 소통의 공간으로 인식되기보다는 '처벌'의 의미로 인식되는 경우를 많이 보게 된다. 학교에서 받은 벌점이 누적되어 가거나 학교폭력대책 자치위원회의 결정으로 인해 학교나 담임 선생님의 의뢰로 이용하는 때가 많기 때문이다. 학생이 자기 문제에 대해 조언을 구하고 해결의 실마리를 얻기 위해 이용하라고 만든 곳이, 정작 상담이 필요한 학생들을 멈칫하게 만드는 결과를 초래한 경우라 할 수 있다. 또 어떤 부모님은 학생만 센터에 달랑 보내놓고 한 번에 바뀌기를 바라기도 하는데, 이는 그만큼 상담치료

에 대한 환상이 막연하고 큰 현실을 반영하는 사례다. 반면 상담소에 따라서는 경력이 짧은 상담사가 상주해 상담이 성공적으로 끝나지 못하는 안타까운 경우도 보게 된다. 학교는 '심리적인 안정감'이 있는, 그리고 경험이 풍부한 상담사가 무엇보다 절실히 필요한 곳이다.

앞에서도 반복하여 강조했지만 학생이 현재 보여주는 여러 증상은 어른들이 만든 진동에 대한 '결과'임을 기억하자. 그렇다면 학생 상담뿐만 아니라 학부모와 교사/관리자를 위한 상담과 심리치료도 중요하지 않을까? 학부모가 심리적으로 건강하면 그들의 자녀 또한 자연히 건강할 것이다. 교사가 건강하면 반 아이들이 자연히 건강할 것이고, 관리자가 건강하면 그 학교가 자연히 건강하게 운영될 것이기 때문이다. 그래서 학생들을 위해 현재 자리 잡은 위(Wee)클래스와 위(Wee)센터를 보완하고, 학부모와 교사를 위해 국가에서 이들을 위한 심리치료 센터를 운영해야 한다.

수업은 교사가, 상담은 상담사가

나는 연구년 과정을 밟는 중 미국 로버트 케네디 커뮤니티 스쿨(Robert F. Kenndey Community School)에 방문한 적이 있다. 이 학교는 로스앤젤레스 한인타운에 위치한 미국 최대 규모의 공립학교로 2001년에 개교했는데, 방문 당시 이 학교 교감 선생님에게 학교 소개를 듣고는 매우 감동한 적이 있다.

가장 인상 깊었던 것은 학교 내에 자리한 상담과 심리치료 시스템이었다. 우선 여러 학교로 구성된 커뮤니티 형태의 학교라서인지 한 명의 신경정신과 의사, 두 명의 카운슬러(상담사), 한 명의 사회복지사가 상주하고 있었다. 이 학교 학생들은 정해진 날짜와 시간에 의무적으로 상담을 하도록 정해져 있었으며, 상담의 필요성과 상담을 통해 발견된 이상 징후를 어떻게 처리하는지는 법과 시스템에 의해 보장되어 있었다. 상담을 통해 밝혀진 사안의 중과에 따라 부모의 심리치료와 처벌(?)까지 진행되고 있었다. 상설 상담 센터가 운영되고, 이를 조직하고 관리하는 시스템이 매우 안정적으로 돌아가고 있는 것이 무척 부러웠다.

우리나라에는 담임교사 제도가 있다. 담임교사는 수업을 가르치고 생활지도를 하며 학생을 관리하고 학교 내 행사를 처리하는 등 맡은 일이 수십 가지다. 그러나 미국의 교사는 자신이 담당한 과목을 가르치고 학업에 대해 평가하는 일만 맡아서 한다. 가르치는 일 외에 학생들을 관리하고 상담하고 조언하는 일은 학교에 상주하는 '상담교사'가 맡는다. 학생은 학교에서 자율적으로 생활하되 학교생활이나 수업 과목, 적성과 관련해 도움이 필요하면 상담교사를 찾아가 도움을 구한다. 심리적인 상담도 상담교사가 전담한다. 미국에서 교사는 해당 과목에 대한 전문가이지 학생의 상담과 심리치료의 전문가가 아닌 것이다.

　미국에서는 상담 활동을 '학습 보조 서비스'로 인식하고 있다. 성공적인 상담은 학생들의 정신이 건강해지고, 궁극적으로는 높은 학습 성과를 올리는 것이라 생각한다. 진학 상담, 학습 상담, 개

인 상담으로 나누어 전문 교육을 받은 다수의 전문 상담사를 상주시키고 있으며, 그들은 수업을 담당하는 교사보다 더 많은 권한을 가지고 있고, 학생의 학교생활에 문제가 있으면 학생의 부모를 소환하거나 외부 치료를 권할 수도 있다. 그리고 학생과 상담을 해야 할 경우에는 수업 중에도 '상담요청지'를 통해 학생을 호출할 수 있다. 이러한 시스템이 당장 한국 학교에 적용되기는 힘들 것이다. 그러나 상담의 전문성을 지닌 상담교사의 필요성은 우리나라에서도 점점 크게 대두되고 있다.

상담사에게 강력한 권위를 부여하는 것은 매우 중요하다. 학부모 상담과 관련하여 이 부분에서 큰 시사점을 주는 사례가 몇 가지 있어 여기에 소개한다.

학생과 교사뿐 아니라, 학부모에게도 상담을 받을 기관과 장소는 매우 간절한 상황이다. 한 학교에 '학부모 전문 상담사' 한 분이 시험적으로 배치된 적 있었다. 학부모들은 처음에는 상담받는 것을 망설였지만, 용기를 낸 몇 분이 상담에 참여하셨고, 실제로 조금씩 도움을 받았다. 그런데 상담 과정에서 예기치 않은 문제가 발생했다. 학부모와 상담하는 과정에서 담임으로 인해 고통받는 학생을 파악하게 된 상담사가 상담의 결과에 대해 담임과 협력 관계를 맺으려고 대화를 시작했고, 이 과정에서 문제가 터진 것이다. 해당 담임교사는 매사를 부정적인 시각으로 바라보는 사람이었고 따라서 자신이 만든 진동과 학생이 받은 상처에 대해 집중하지 못했다. 이 교사는 자신을 좋지 않게 말한 학부모가 누구인지에만 관심을 쏟았다. 그래서 교실로 돌아가 그 학부모가 누구인지 추적(?) 작업을 시작하게 되었고 끝내 그 학부모에게 전화를 걸어 따지는 사태가 발생했다.

이후 그 상담사가 제대로 된 학부모 상담을 할 수 있었을까? 이 일은 학교 전반에 영향을 끼쳐 학교장의 불안감마저 야기하고 말았다. 학교장은 시범적으로 학부모 전문 상담사를 배치하는 것을 수락하긴 했지만 학부모 중 누가 상담실을 이용하는지 알고 싶어 했고, 상담이 어떤 내용인지 궁금해했다. 더 나아가 자꾸 학부모 상담실을 방문해 상담 내용에 대해 물어보았고, 상담 업무가 없을 때에는 상담사를 학교의 다른 업무에 배치했다. 그러다 보니 상담이 제대로 진행될 수 있었을까? 상담사를 교사보다 낮은 직급의 인식으로 바라보는 눈, 학교장 아래 위치시키는 인식 아래서는 제대로 된 상담을 기대하기 어렵다.

이를 방지하기 위해서는 국가 차원에서 상담사에게 권위 있는 국가 자격증을 발급해야 한다. 자격증을 취득하기 위한 조건은 관련 석사 졸업 및 상담과 심리치료 경험 및 임상 시간이며, 이에 따라 지정되고 검증된 심리검사를 통해 안정된 상태의 전문가를 뽑아야 한다. 그리고 상담사가 학교장 밑이 아닌, '협력'을 위한 구조로 학교에 상주하도록 해야 한다. 이렇게 할 때에야 비로소 상담실이 학교장이나 교사의 영향을 받지 않는 전문가들로 구성된 독립적인 영역으로 자리매김될 수 있다. 이때의 상담기관은 학생의

상담뿐만 아니라 학부모와 교사의 상담과 심리치료까지 담당해야
한다.

교사를 위한 상담실

현재 일선 학교에서 가장 시급한 것은 교사를 위한 상담과 심리
치료의 장소다. 전국을 다니며 관련 강의와 워크숍을 진행하면서
느끼는 것은 교사의 상처를 어루만져주는 곳이 전무하다는 것이
다. 관리자 때문에 상처받고 학생과 학부모 때문에 상처받은 교사
가 많지만 정작 그들은 갈 곳이 없다.

나는 매년 1월 2일~4일, 인디스쿨을 통해 정유진 선생님과 함
께 교사 힐링 캠프를 진행한다. 정유진 선생님은 성격 유형과 관련
한 에니어그램과 몸의 경락과 경혈을 이용한 EFT*를 맡고 나는 심
리극과 가족 세우기 및 무용동작치료 기법을 이용한 심리치료를
맡는다. 그런데 그때마다 번아웃(burnout)이라고 불리는 심리적 소
진, 극도의 피로 상태에 빠진 많은 교사의 상처와 눈물을 보게 된
다. 이곳에 참가한 선생님들이 바라는 것은 단지 작은 위로와 따뜻
한 품이다. 그러나 그것조차 받지 못하는 매몰찬 학교 현장과 서로

---

* EFT(Emotional Freedom Techniques) : '감정자유기법'으로 번역된다. 미국의 게리 크레이그(Gary Craig)가 창안한 심리치료법으로 동양의 경락 이론을 바탕으로 한다. EFT에서는 부정적 감정은 신체 에너지 시스템(경락 기능)이 혼란된 것이라고 전제한다. 이런 부정적 감정이 육체적 증상까지 야기할 수 있으며, 부정적 사건이 누적되어 부정적 감정이 지속되면 부정적 신념 및 태도를 형성한다고 본다. 따라서 신체 에너지 시스템의 소통을 원활하게 하면 부정적 감정뿐 아니라 육체적 증상까지 치료되며 신념과 태도도 바뀔 수 있다고 본다. EFT에서는 특정 타점(경혈)을 두드림으로써 신체 에너지 시스템의 혼란을 해소해 증상을 치유한다.

에게 힘이 되지 못하고 상처 주는 학교 구조를 볼 때마다 안타까운 심정이 매우 크다. 캠프에 참가한 교사들은 짧은 힐링 캠프 기간에도 심리극을 통해 내면의 힘을 찾고 자신을 위로하며 서로에게 용기를 북돋아주는 시간을 맛본다. 그리고 그 결과 눈빛과 몸의 움츠림이 달라지는 것을 보게 된다. 세상으로 나갈 힘을 얻는 데에 그리 큰 공력과 많은 시간이 필요하지도 않은 것이다.

학교에는 여러 진동이 매일같이 일어나지만, '교사'의 안정과 행복감에 대해 매우 의미 있게 생각할 필요가 있다. 원초적이고 물질적인 행복을 이야기하는 것이 아니다. 교실에서 벌어지는 여러 상황을 객관적으로 바라보며 감정에 휩싸이지 않고 사태를 직시할 수 있는 내면의 '힘'과 관련된 안정감과 행복에 대한 이야기를 하고 싶은 것이다.

감동적인 책을 읽고 아이들에게 그 감성을 전달하는 것처럼, 교사가 좋은 생각과 좋은 경험을 하게 되면 이것이 자연스럽게 아이들에게 흘러갈 수 있다. 교사의 경험과 마음 상태는 학생들에게 매우 직접적으로 영향을 미치기 때문이다. 교사가 불행하면 그 불행 또한 반 아이들에게 그대로 전달될 수밖에 없다. 가정에서는 자녀가 만든 진동의 크기보다 부모가 만든 진동의 크기가 더 큰 것처럼 학교에서는 학생이 만든 진동보다 교사, 그리고 관리자가 만든 진동의 크기가 크다는 것을 기억하자. 교사가 학교 내에서 불필요한 '힘듦'을, 트라우마 경험을 하지 않도록 하는 제도적 측면을 마련하는 것도 중요하지만, 마음을 잘 다스릴 수 있도록 어떻게 교사의 마음을 보다 긍정적으로 바꿀 수 있도록 할 것인지, 해결되지 않은 여러 감정의 찌꺼기를 어떻게 처리하게 도울 수 있는지를 우리는 깊이 고민해야 한다.

　미국이나 캐나다, 영국 등은 전체 경찰관을 상대로 주기적인 상담을 진행하고 문제가 발생하면 치료와 휴식을 법적으로 보장하고 있다. PTSD(Post Traumatic Stress Disorder : 심적 외상 후의 스트레스 장애) 경험을 하게 되면, 이에 따른 후속 조치도 반드시 하도록 법적으로 보장되어 있다. 이런 장치는 교사 집단에도 매우 필요하다. 주기적으로 상담을 진행하고 휴식과 심리적 재활 프로그램에 참여할 기회를 주어야 한다. 그러나 한국의 현실은 요원하기만 하다. 학생과 학부모의 행복은 고려하지만 '교사의 행복'에 대해 이야기하는 것은 굉장히 조심스러운 환경인 것이다. 미래의 아이들을 가르치는 선생님이 건강하고 행복한 사회야말로 공동체의 행복을 위한 최선의 길임을 서로 인정하고, 교사의 행복 추구권도 당연한 일로 받아들이는 사회적인 합의가 하루속히 이루어졌으면 하는 바람이다.

　전국의 여러 선생님을 만나면서 내 꿈이 '교사 치유센터'를 운영해보는 것이라고 말하면 많은 분들이 응원을 보내주신다. 그리고 어서 빨리 이 계획이 실현되기를 희망하신다. 이 센터는 나 혼자만의 힘으로는 부족하다. 뜻이 모이고 예산이 모여야 하며 국가 차원에서도 관심과 협조가 있어야 가능할 것이다.

14
집단상담

집단상담의 현주소

13장에서 나는 진동을 다듬기 위해서는 가장 먼저 강력한 힘을 지닌 상담기관, 치유센터 등이 자리해야 하며, 검증된 상담사가 학교 내에 자리 잡을 수 있는 필요성을 인식하고, 국가 차원의 자격 과정을 운영해야 한다고 주장했다. 그리고 이를 위해서는 부모와 교사가 깨어 있도록 노력해야 하고, 감정에 휩싸인 눈으로 자녀와 학생을 바라보지 않도록 노력해야 함을 강조했다. 그리고 관리자는 자신으로 인해 학교가 어떻게 변화되는지 책임을 갖고 현명한 눈으로 지켜볼 것과 마음을 다스리는 쪽의 공부를 병행해야 함을 강조했다.

이렇듯 우리는 우리가 사는 세상에 자리 잡은 많은 진동을 좋은 쪽으로 돌리기 위한 노력을 각자 위치에서 멈추지 말아야 한다. 그런데 이런 쪽으로의 선회는, 개인 상담뿐 아니라 '집단' 형태의 여러 프로그램이 더 큰 효과를 발휘하기도 한다. 13장에서 이야기한 '상담'은 개인에 대한 것(개인 상담)이었다. 학생은 위(Wee)클래스의 문을 두드려 상담 선생님과 상담을 진행하고, 교사나 학부모는 상담기관을 찾아 개인적으로 상담치료를 받는 형태였다. 상담사와 1대1로 진행되는 이 같은 상담은 개인의 변화를 가져오지만, 이와 달리 집단을 대상으로 하는 상담은 더 거시적인 효과를 발휘할 수 있다. 특히 '학교'라는 특성을 생각하면 '집단' 형태의 상담과 프로그램이 주는 효과는 더 뚜렷할 것이다.

'집단상담'은 서로 비슷한 문제를 가지고 있는 사람들이 모여 함께 상담과 프로그램에 참여하면서 변화를 만들어가는 것이다. 그런데 집단 형태로 이루어지는 이런 상담이 때로는 개인 상담보다 큰 효과를 발휘할 때가 있다. 혼자만의 고민이 아니라 나와 함께 참여하는 사람들도 유사한 고민이 있음을 깨닫고, 그들로부터 따뜻한 위로와 지지를 받게 되면 정서를 치유하는 데 많은 도움이 되기 때문이다. 또한 참여자 중 누군가에게 힘과 격려를 줄 수 있는 경험도 할 수 있다. 무엇보다 자신이 직면한 문제에 다양한 각도로 접근할 수 있어 역동적이고 깊은 체험을 할 수 있는 장점이 있다.

학생들을 위한 집단상담 프로그램을 한 학기에 1회 또는 분기에 1회 정도 운영하는 곳이 있다. 그런데 이들 프로그램을 살펴보면 학교에서 책정된 예산을 사용하기 위해 그저 형식적으로 운영하는 곳이 대다수다. 학생들을 가나다순으로 나누어 한 시간도 채 되지 않게 면담하면서 몇 가지 질문과 응답을 주고받는데, 이런 식으로는 아이들의 상태를 파악하기 힘들다. 더러는 강의 형태로 진행하기도 하는데, 이처럼 정기적인 프로그램이 아니라 단편적으로 운영되는 경우에는 일회성 이벤트에 그치는 행사라고 보기 쉽다. 그리고 학부모와 교사를 위한 프로그램은 강의, 연수 쪽에 치중되어 있어 실제 심리치료와 별개로 운영되고 있다.

치유를 위한 '마음 흔들기'

나는 그간 여러 집단 프로그램에 참여해왔다. 그중 학교에서 진행한 집단 프로그램에서는 짧은 시간에도 큰 변화가 생기는 것을 볼 수 있었다. 프로그램을 마칠 시간에는 참가자들이 '셰어링(Sharing)'이라는 시간을 갖는데, 이 시간에 참가자들은 다양한 각도의 피드백을 얻게 된다. 이를 통해 참가자들은 서로 느낌을 나누고 힘을 더하는 모습을 보인다. 여럿이 함께 모여 서로 이야기를 나누고 속마음을 털어놓는 과정에서 나만 힘든 것이 아니라는 자각을 하게 되며, 저 사람이 이겨냈던 것처럼 나도 이겨낼 수 있으리라는 용기와 힘을 얻게 되는 것이다. 자신이 미처 생각지 못했던 문제 해결 방법을 찾기도 하며, 같이 프로그램에 참여한 사람들이 자신을 지지해주고 위로해주는 마음을 전달받기도 한다.

나는 석사학위를 취득한 뒤 대학원과 상담학회 활동을 하면서 학생들을 대상으로 집단 프로그램을 진행했다. '마음 흔들기'라는 이름을 내건 이 프로그램에서 나는 학생들 내면에 가득 찬 욕구와 좌절, 분노와 슬픔, 스트레스와 상처 등 다양한 감정을 보게 되었다.

'마음 흔들기' 프로그램에서 아이들의 반응이 가장 좋았던 활동은 시험지 찢기였다. 성적 때문에 힘들어 하는 학생들을 위해 1년간 모은 시험지를 바닥에 뿌려 두고 아이들로 하여금 마음껏 찢게 했다. 아이들은 그동안 시험 때문에 받은 스트레스를 갈기갈기 찢으며 "시험 성적이 내 전부는 아니야!"라고 소리쳤다.

마음이 움츠러든 반 친구를 위해서는, 서로 손을 모아 상처받은 친구의 몸을 위로 번쩍 들어 올려 상처받은 친구에게 지지를 받는

기회의 시간을 만들어주기도 했고, 가상의 죽음을 통해 자신의 삶을 돌아보면서 과연 나 자신은 앞으로 어떤 삶을 살아야 할지 숙고하는 시간을 마련해주기도 했다.

아이들을 위한 심리극 활동은 주로 자기 마음에 자리 잡은 불편한 감정을 어떻게 제거하며 다스려야 하는지에 대한 부분과 내가 나를 위로하는 시간으로 구성되어 있다. 이런 활동을 하면서 나는 학생들이 겪고 있는 여러 문제, 감정의 찌꺼기 등이 바로 그들의

'가족'과 연결되어 있음을 알게 되었고, 따라서 상담 프로그램은 학부모와 연계해야 한다고 생각하게 되었다. 이후로는 학부모 참여 수업을 통해 '가족의 소중함'을 돌아볼 수 있는 시간을 마련했고, 더 나아가 '학부모 마음 흔들기' 프로그램을 운영하게 되었다. 프로그램이 끝난 뒤에는 활동에 참여한 학부모들을 대상으로 심리검사를 실시하여 집단 형태의 프로그램을 운영하게 되었다. 이런 작업을 하면서 알게 된 것은 부모는 언제나 최선을 다하고 있으며, 자녀의 성장을 위해 자신의 심리적인 문제를 해결하고 싶어 하는 욕구가 많다는 것이었다. 그리고 '관계'를 건강하게 회복시키기 위해 많은 고민을 한다는 사실도 알게 되었다.

이런 점을 알고 이 부분을 자세히 관찰해보니 학생과 학부모의 연결점이 보였다. 학생 집단 프로그램 안에서 나왔던 주제가 나중에 학부모 집단 프로그램에서 각자의 관점에서 진행되었기 때문이다. 학생이자 자녀는 엄마와 소통하는 문제가 가장 큰 고민이었고, 부모 또한 자녀와 원만히 대화하는 것이 가장 큰 바람이자 고민이었다. 이런 상담 결과를 바탕으로 뒤에 이어진 심리극은 역할 바꾸기로 진행하였다. 자기 대신 어머니의 자리에 앉아 어머니의 역할을 대신했던 자녀는 또래 친구가 맡아준 자신의 모습을 보고는 엄마가 자기 때문에 얼마나 스트레스를 받았는지 몸소 알아챘고, 자녀의 자리에 앉았던 학부모들은 끊임없는 잔소리와 꾸중, 압박감에 자신이 지금까지 내 아이에게 얼마나 힘든 마음의 짐을 주었는지를 비로소 알게 되었다. 이렇듯 집단상담 프로그램은 비슷한 처지의 사람들이 비슷한 고민을 공유하고 나누면서 통찰을 얻고 소통의 길을 찾을 수 있도록 도와주며, 이때 참여자들은 서로 마음을 이해하고 받아들이게 되면서 각자 작은 패턴의 변화를 맞이하게 된다.

이런 프로그램을 거치면서, 나는 학교에서 학생과 학부모를 대상으로 동시에 심리 프로그램을 개최해야 할 필요성을 느끼게 되었다. 한 명이 아닌 가족이 함께 참여하는 프로그램이 무엇보다 절실했던 것이다. 이를 바탕으로 교실에서 진행하는 '마음으로 대화하기' 프로그램이 만들어졌다.

'마음으로 대화하기' 프로그램에 참여한 한 어머니는 자신의 아이를 바라보면서 "네가 태어났을 때 엄마는 정말 기뻤단다. 그리고 네가 건강하게 자라 이 앞에 서 있는 것은 정말 감사한 일이야."라는 진심을 전했고, 이 말을 들은 자녀는 "엄마, 저에게 생명을 주셔서 감사해요."라는 말로 화답했다. 축제 기간 동안 이 프로그램에 참여한 사람들은 저마다 조금은 낯설지만 매우 의미 있는 경험을 했다고 털어놓았으며, 서로에게 집중하던 그 순간이 앞으로 관계를 이어나가는 데 많은 도움이 될 것이라고 고백했다.

모두에게 묘한 집중과 감동이 함께한 자리였다.

프로그램을 하면서 서로의 사랑을 확인한 부모와 자녀는 서로 꼭 끌어안는다. 어머니는 자녀에게 "엄마 여기 있어."라고 안도감을 만들어준다. 그러면 자녀는 엄마를 등지면서 이렇게 대답한다.

"엄마, 이제 제 삶으로 한 걸음 걸어가도 돼요?"

"그래, 네 삶으로 한 걸음 걸어가렴. 네 삶을 행복하게 사는 것이 엄마의 행복이란다."

이런 말을 주고받으면 프로그램에 참여한 부모와 자녀는 고개를 끄덕이며 함께 눈물을 흘렸다. 이런 진동이 가능했던 것은 집단 프로그램이었기 때문이다. 여러 사람이 어우러져 이루어낸 역동이 힘을 발휘했던 것이다.

학교에 형식적으로 자리한 '집단상담' 프로그램은 언제나 '예산'과 '관심'에 발목이 잡혀 있다. 이를 벗어나서 진짜 지금 이곳에서 필요한 것이 무엇이고 어떤 결과를 가져오는 것이 모두에게 이로운 일인지 진지하게 숙고해보아야 한다. 모쪼록 집단상담 프로그램의 필요성이 더 부각되고 이를 활용한 좋은 결과가 자주 세상에 알려져, 학교에 학생과 학부모를 위한 다양한 프로그램이 어서 빨리 자리를 잡았으면 하는 바람이다.

교사를 위한 힐링 캠프

나는 개인적으로 학생, 학부모 집단 프로그램보다 '교사를 위한 프로그램'에 더 관심이 많다. 매년 1월 2~4일, 인디스쿨과 연계해 진행한 '교사 힐링 캠프'를 통해 얻게 된 통찰이 많기 때문이다. 그 전까지만 해도 학생 및 학부모의 상담과 심리치료에 관심이 많았지만, 교사 힐링 캠프를 진행하고부터는 아픔을 겪고 있는 교사가 의외로 많음을 알았기에 그 필요성이 더욱 절실해진 까닭이다. 그리고 현재 학교 내에 자리 잡은 여러 불편한 진동을 확인하면서부터 교사 힐링을 위해 앞으로 더 많은 일을 해야겠다는 생각이 들었다.

교사의 내면에 자리 잡은 상처를 어느 정도까지 줄일 수 있을까? 그리고 힐링 캠프 이후 교사들의 삶의 변화를 어떻게 만들어낼까?

이 깊은 고민은 프로그램의 활성화로 이어졌고, 힐링 캠프에 참여한 교사들은 스스로 삶의 변화를 확인할 수 있게 되었다. 힐링 캠프에 참여한 것만으로도 교실 운영과 학생과의 관계에 큰 변화

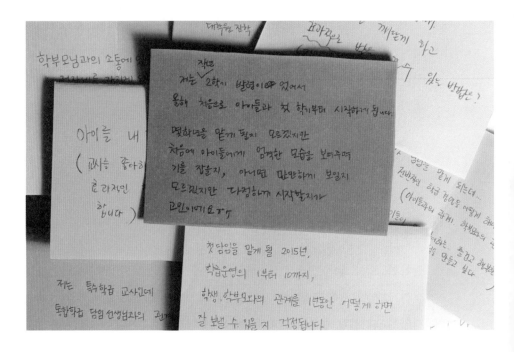

가 있었다고 고백한 교사도 많았다. 이런 변화 때문인지 힐링 캠프는 횟수를 거듭할수록 더 웅숭깊고 내밀해졌으며, 교사의 내면 문제를 채우고 있는 근원에 한 발짝 더 들어갈 수 있게 되었다. 그 뒤로도 인디스쿨을 비롯한 여러 기관의 요청에 따라 진행된 힐링 캠프에서는 '치유'와 관련된 심리극을 훨씬 많이 배정하고 있다.

나는 힐링 캠프에 도착한 선생님들이 한데 모이면 서로 인사할 겨를도 없이 집단 프로그램을 진행하는데, 이때 하는 놀이는 '막대와 함께', '최면술 놀이', '거울 놀이'와 같은 연극적 요소가 가미된 것이 주를 이룬다. 이런 놀이로 시작하는 이유는 서먹함을 줄이고 참여자들을 자연스럽게 섞이도록 하기 위함이지만, 그보다도 참여자들의 몸에 피를 돌게 만들어 산소가 뇌 구석구석까지 도달할 수 있도록 해 좀 더 깨어 있는 상태를 만들기 위해서다. 다음으로는 참여자들에게 눈을 감게 하고 힐링 캠프까지 오기 위해 고민했던 자신, 먼 거리를 여행해온 자신을 위로하는 시간을 갖는다.

"두 손을 심장 위에 올립니다. 그리고 뛰는 심장을 느껴봅니다. 그런 뒤 호흡을 느껴보도록 합니다. 심장이 뛰고 호흡이 계속되는 것은 바로 여러분이 살아 있기 때문입니다. 이렇게 이야기합니다. 난 살아 있어."

이때 고작 "난 살아 있어."라는 말을 따라 하는 것만으로도 눈물을 주룩 떨어뜨리는 선생님들이 있다. 아마 그 말 한마디가 그 선생님에게 '삶'과 관련된 아주 큰 의미를 되새기게 했으리라 짐작한다.

그 다음으로는 다른 사람과 서로 마주보게 한 뒤 상대방 눈을 바라보면서 이런 말을 건네도록 유도한다.

"선생님, 행복해지세요. 선생님이 행복해지면 아이들도 행복해집니다. 힐링 캠프 기간 동안 제 손을 잡아주세요. 저 또한 선생님의 손을 잡아드리겠습니다."

이런 활동을 하면서 나는 힐링 캠프를 찾아온 선생님들이 대부분 외로움을 많이 느끼고 관계 맺기에서 상처받은 경험이 있음을 알 수 있었다. 그래서 가장 먼저 '따뜻함'을 만날 수 있도록 유도하는데, 선생님들은 대개 서로를 안아주면서 위로하도록 하면 굉장히 어색해했다. 그래서 참여자들에게 서로를 안아줄 때는 내가 누군가에게 안기는 것이 아니라 주도가 되어 안아주도록 안내한다. 이곳에 온 선생님 중 누군가는 사람의 따뜻한 품이 필요해 오신 분도 있기 때문에 '그 누군가'를 위해 품을 따뜻하게 만들고 치료사의 입장이 되어 상대방에게 온기를 전달하고 따뜻함을 전달하도록 하는 것이다.

"선생님, 그동안 많이 지치셨죠? 더 이상 힘들어하지 마세요. 선생님을 위해 제 품을 내드립니다."라는 말과 함께 서로를 안아주라고 하면, 이런 단순한 활동만으로도 (누군가의 품에 안겨) 눈물을 줄줄 흘리는 선생님들이 많았다. 이렇게 자신을 위로하고 누군가로부터 위로받으며, 누군가를 위해 따뜻한 품을 내주고 누군가에게 안기는 것만으로도 감정이 토해져 나오는 것을 보면, 그간 선생님

들이 얼마나 많은 감정의 파고에 흔들려왔는지를 알 수 있었다. 힐링 캠프를 거듭할수록 학교 현장에 더 많은 따뜻함과 이해, 치유가 자리 잡기를 바라는 마음이 간절해지는 것도 바로 이런 이유 때문이다.

힐링 캠프 중반에 이르면 나를 힘들게 한 누군가를 떠올리면서 소리를 지르고, 내가 상처를 준 누군가를 떠올리면서 사과하는 시간을 갖는다. 학교라는 조직 안에서는 감정다운 감정을 제대로 만날 수 없고, 설사 감정이 생긴다 해도 이 감정이 제대로 처리되지도 않는다. 결국 교사들은 위로받지 못하고 격려받지 못한 채 '무감동' 상태로 살게 된다. 그래서 지금까지 표현하지 못했던 감정을 표현하고 사용하게 하면서, 참여한 선생님들이 '무감동' 상태에서 벗어나도록 프로그램을 진행하는 것이다.

성격 유형 워크숍 시간에는 세상 사람들에 대한 이해의 폭을 넓히는 시간을 갖는다. 사람들은 저마다 다른 특성을 지니고 있으며, 각자 최선을 다하며 살고 있다. 따라서 이를 인정하고 받아들이는 것이 곧 나를 이해하는 첫걸음임을 알게 되면, 참가자들은 훨씬 안정된 마음을 갖게 된다. 곧이어 각 성격 유형에 속하는 참여자들이 차례대로 나와 자신들의 장점을 토로하고 상처받는 구조를 고백하면서 서로를 이해하는 시간을 진행한다.

후반부는 내가 진행하는 심리극과 가족 치료 프로그램이 주를 이룬다. 심리극에서는 학생 또는 관리자와의 문제, 원 가족 또는 현재 가족에 자리한 문제 상황을 의뢰하는 경우가 많았다. 이 안에서 나는 교사들이 만드는 진동, 그리고 그 진동의 근원이 무엇인지 알 수 있었다. 무엇보다 '상처받은 교사'를 많이 만났는데, 이들의 감정과 이와 관련된 진동이 어떻게 교실과 가정에 연결되는지를 확인할 수 있었다.

원 가족 내에 자리한 트라우마 경험 속에서 만들어진 분노를 제대로 처리하지 못해 항상 화가 나 있는 상태에서 학생에게 화풀이를 하는 교사가 되기도 하고, 부모의 이른 죽음으로 인해 생긴 슬폼이 현재 동료 교사에게 작용하는 경우도 있었다. 학생이 처한 상황이 자신의 성장 과정에서 겪은 사건과 유사해 감정적 투사가 이루어져 다른 학생들을 바라보지 못하고 그 한 학생만 바라보는 감정적 동일시가 된 교사도 있었다. 이런 교사들에게는 역할을 바꾸어 상대의 눈으로 자신을 바라보게 하고, 과거 상처받은 장면을 직면하도록 했다.

성격심리학의 적용

연수와 워크숍 또한 교사를 위한 만남의 장이 된다. 참가자들은 연수 중간 중간에 자신을 위로하고 서로를 위로하며 '함께'라면 무엇이든지 이겨낼 수 있다는 멘트를 주고받으면서 편안한 상태의 교사 집단으로 변화되는 것을 경험하곤 한다. 특히 학교 교직원들은 서로 협력과 이해, 협동 관계가 잘 이루어져야 하는데 나쁜 진동이 학교에 자리 잡게 되면 몇 년간 그 진동의 영향으로 조직에 불편함이 자리 잡게 된다. 이 때문에 교사들은 생존하기 위해 업무와 관련된 일이나 사회적인 관계를 맺는 부분에서 '도망'을 가거나 서로 싸우는 '투쟁'을 하기도 하고, 아무런 것도 하지 않고 투명인간처럼 '정지' 상태로 생활하게 되는 것이다.

이런 진동은 사실 '관리자'로부터 기인한다. 관리자가 일선 교사들에게 "정말 고생하네요. 선생님 덕분에 일이 잘 처리될 수 있었어요." "많이 힘들죠? 조금만 더 힘내세요."와 같이 작은 말로라도 위로해주고 격려해준다면, 실수가 있더라도 "누구나 실수를 할 수 있어요. 괜찮아요. 이 또한 성장이라 생각하고 힘내요!"라면서 힘이 되어준다면, 학교 선생님들은 도망, 투쟁, 정지하는 모습을 보이지 않을 것이다. 한 노력에 비해서 인정받지 못하고 소모품에 불과하다고 생각될 때, 심리적으로 소진되는 경험을 자주 했기 때문에 교사들은 힘들어하는 것이다.

몇 년 전, 교육청의 초대로 연수원에서 관리자들을 대상으로 '마음 흔들기' 프로그램 사례를 소개할 기회가 있었다. 나는 그 시간에 학생의 심리적인 면모를 살필 수 있었던 상담 프로그램을 소개하고 진동의 모빌 구조를 설명했다. 한 관리자는 진동이 아래로 갈수록 커지는 모빌의 효과를 보더니, 학교를 위해 자신이 할 수 있는 일이 무엇이냐고 조언을 구하기도 했다.

나는 그분께 예산이 있다면 교직원이 서로 이해할 수 있는 '성격 워크숍'부터 실시해보라고 조언해드렸다. 심리치료의 바탕이 되는 가장 기본이 바로 '성격심리학'이기 때문이고, 성격이야말로 교육적으로 아주 큰 교훈을 얻을 수 있기 때문이다. 앞에서도 소개한 LCSI 종합성격검사를 이용하는 것도 한 방법이다. 실제 한 학교에서 예산을 집행해 선생님들에게 검사받도록 한 뒤 워크숍을 진행한 적도 있었다. 나는 당시 워크숍을 통해 집단의 역동을 들여다볼 수 있는 아주 귀한 시간을 가질 수 있었다.

당시 워크숍에서는 각 유형별로 교사들을 앉게 한 뒤 각자 자신들의 유형별 장점, 단점, 일처리 방법, 상처받을 때, 가르치는 방식,

선호하는 관리자 유형 등을 찾아보게 하고 발표하는 시간을 가졌다. 그런데 이런 간단한 토의와 발표만으로도 학교 내 자리할 수 있는 오해의 요소, 일처리 방식의 다른 접근법 등을 알 수 있었다. 교사들은 검사 결과에 따라 자신이 무심코 했던 행동이 누군가에게 상처를 줄 수 있으며, 자신이 자연스럽게 하는 행동이 누군가에게는 답답할 수 있다는 사실을 알게 되었다. 더 나아가 자신의 강점을 어떻게 학교(직장)에서 사용하면 좋을지, 누구와 파트너가 되어서 더 깊은 활동을 해나갈 수 있을지를 알 수 있었다.

나는 반 아이들에게도 이 검사를 적용하여, 성격 유형 워크숍을 3주에 걸쳐 진행하곤 한다. 아이들은 저마다 각 유형별로 자신의 장점, 단점을 찾아보았고, 이어서 공부하는 법, 원하는 선생님, 싫어하는 친구 유형까지 살펴보면서 서로를 다양하게 이해하는 시간을 가질 수 있었다. 학부모들은 학부모대로 성격 유형 워크숍을 통해 각자 어떤 유형의 부모에 속하고 양육 방식은 어떠한지, 중점을 두는 삶의 가치는 무엇이고 자녀와의 성격 궁합은 어떠한지를 확인하고 이를 바탕으로 자기 자녀와 원활한 관계 맺기를 시도할 수 있었다.

학교 심리 프로그램 개설의 전제조건

앞서 살펴보았듯이, 학교에서 하는 집단 형태의 프로그램은 개인 작업, 개인 상담과 달리 또 다른 매력과 장점을 지니고 있다. 나는 집단 프로그램을 경험하면서 자신의 문제를 파악하거나 감정적인 연결을 경험하면서 문제를 해결하고자 하는 분을 그간 여럿 만나왔다. 자신의 문제를 처음으로 교감하고 직면하게 되면 변화의 첫걸음이 생긴다. 집단 프로그램이야말로 개인의 성장으로 나가기 위한 첫 단계이자, 개인 상담에 이르기 위한 다리 역할을 해준다고 나는 생각한다.

하지만 학교에서는 집단 형태의 프로그램을 진행하기 어려운 점이 많다. 프로그램을 진행하기 위한 예산이 우선 확보되어야 하고, 학교 관리자의 성향, 집단의 요구 등 여러 복합적인 요소가 프로그램이 운영되는 데 전제조건으로 작용하기 때문이다. 그중 가장 커다란 장애는 '예산'의 한계일 것이다. 지금도 매우 부족한 교육 예산에서, 어찌 보면 복지 부분에 해당되는 교사 치료, 상담, 성장 프로그램과 연결된 비용에 우선순위를 두기란 요원한 일일 것이다. 당장 학생들의 냉난방, 전기, 학교 건물 운영 및 수리, 기자재 구입 등 시급한 예산 확보가 먼저 이루어져야 하기 때문이다.

그리고 학생/학부모와 달리 '교사'의 치유와 성장에 대한 예산 책정과 사용에 대해서는 좀 더 복합적인 시각도 자리하고 있음을 인정해야 한다. '교사의 행복'과 인권을 이야기하기에는, 여전히 때이른 감이 없지 않은 게 우리 교육계의 전반적인 현실이다. 어느 병이든 치료에 들어가는 비용보다 예방에 들어가는 비용이 저렴하듯이 정신적인 병과 상처도 마찬가지다. 학교 내에 자리한 불편한 진동을 다듬기 위해서 사용하는 (특히 교사에게 사용되는) 예산이 절대 큰 것이 아님을 인정하는 사회 분위기가 확대되어야 할 것이다. 그리고 교사와 부모의 불편한 진동이 학생에게 전달되지 않도록 해야 한다는 필요성을 사회가 인정하고, 적절한 예산을 투입해 이에 맞는 프로그램이 자연스럽게 학교에 자리 잡아야 한다는 인식이 널리 공감대를 형성해야 할 것이다. 그런 날이 하루속히 오기를 가슴 깊이 바라본다.

'예산'의 한계와 더불어 '전문가의 한계'도 존재한다. 학교에서 심리 프로그램을 실시한다 하더라도, 지금은 학교 사정을 잘 모르는 외부 기관에서 프로그램을 기획하고 집단을 운영하는 경우가 많다. 외부 기관은 참여하는 학생, 학부모, 교사, 관리자의 특성을 전혀 알지 못하는 상태에서 매뉴얼만 조합해 프로그램을 진행하는 일이 다반사다. 그리고 제대로 훈련받지 않은 비전문가가 상담과 치료 프로그램을 진행하는 경우도 자주 보게 된다.

심리치료는 마음을 치료하는 의술과 같다. 따라서 당연히 전문가의 손길에 맡겨야 한다. 학교에서 운영되는 집단 프로그램은 신경정신과 의사와 임상 경력이 풍부한 심리치료사를 주축으로 하여 구성되어야 한다. 독립된 기관으로서, 검증된 자격을 갖춘 전문가를 중심으로 센터와 기관이 구성되어야 하며, 광역 형태로 집단 프로그램을 진행하거나 각 학교의 의뢰에 따라 프로그램이 운영되어야 한다. 또한 오랫동안 학생/학부모/교사 심리치료를 진행한 임상 경험이 있는 전문가와 집단상담, 집단치유 작업의 유경험자들이 모여 사례를 나누고, 그곳에서 프로그램을 진행하고 검증하며 현장에 맞는 프로그램과 매뉴얼을 만드는 것이 좋다.

마지막으로 살펴볼 것은 '시간과 공간의 한계'다. 보통 학교에서 이루어지는 집단 프로그램은 '의무'에 따라 운영되는 경우거나 학생들을 '처벌'하기 위한 방편인 경우가 많다. 그도 아니면 '예산을 쓰기 위해' 형식적으로 운영되는 경우다. 이때 학생들은 심리 프로그램을 교육 과정 중 일부로 받아들이므로 일정한 참여와 결과를 얻을 수 있지만, '교사' 집단에서는 이 같은 기대를 할 수가 없다. 심리와 관련하여 교사를 대상으로 연수를 준비하기도 하지만, 교사들은 정작 스스로 원하지 않았던 연수이므로 집중력이 떨어질 수밖에 없다. 또한 개인의 불편함과 상처에 대해 이야기하기에는 함께 근무하는 동료 교사들의 눈과 귀를 의식하게 된다. 때로는 자신에게 상처를 준 관리자가 함께 참여하고 있으므로 내면의 불편함을 꺼내기에는 적합하지 않은 구조가 된다.

나 자신도 연수원과 학교의 요청을 받아 심리극을 비롯한 집단 프로그램을 진행한 적이 있는데, 대개는 참여한 교사들이 어느 정도의 깊이만 허락하고는 마음의 문을 닫아버리는 바람에 끝내 치유보다는 예방, 교육 쪽에 관련된 내용으로 연수의 흐름이 바뀌는 경우가 많았다.

따라서 프로그램을 효과적으로 완수하기 위해서는 앞서 이야기했듯이 검증된 자격을 갖춘 전문가를 중심으로 광역 형태로 집단 프로그램을 진행하는 것이 바람직하다. 많은 참여자가 모여 모르는 사람끼리 섞인 가운데 마음을 털어놓고 위로받는 시간을 마련한다면 교사들의 참여가 조금은 높아지리라 생각한다.

학부모를 대상으로 하는 프로그램은 무엇보다 시간의 구애를 많이 받았다. 심리치료나 심리 프로그램은 특성상 저녁 시간에 좀 더 깊고 내밀한 결과를 가져온다. 그러나 자녀를 보살피느라 저녁에는 시간을 낼 수 있는 학부모가 많지 않았다. 따라서 어쩔 수 없이 학생들이 등교한 시간에 프로그램을 진행하게 되었는데, 학부모들만큼은 서로 알고 지내는 분들이나 가까이에 살고 있는 분이 많아서 마음의 문이 쉽게 열리지 못했다. 그래서 학생과 학부모는 학교에서 진행하는 것보다는 장소를 옮겨서 '이곳이 프로그램에 참여하는 장소다'라는 느낌을 만들어주는 것이 좋다. 집단 프로그램은 오전보다 저녁에 더 큰 효과를 보였으며, 음악과 조명의 도움을 받을 수 있는 곳에서 더 깊은 활동을 진행할 수 있었다.

이 책의 대부분은 감정의 역동과 (서로 영향을 주는) 진동의 흐름
에 대한 이야기로 채워져 있다. 역동의 흐름을 이해하는 것, 근원
지점을 알아차리는 것만으로도 우리는 일어나는 여러 사건들을 다
른 관점으로 바라볼 수 있는 기회를 얻을 수 있다. 흐름을 알고 근
원 지점을 이해하는 그 순간 우리는 미움보다는 이해를 위한 마음
을 열게 되고, 처벌보다는 따뜻한 손길을 내밀 수 있게 된다. 흐름
을 이해하지 못한 채 상대를 벌주고 비난하고 처벌할 수는 없기 때
문이다. 자녀 그리고 자라나는 학생들은 변화의 가능성이 무궁무
진한 존재들이다. 그들의 감정과 몸이 굳어지기 전에 어른인 우리
가 먼저 손을 내밀고 긍정적인 마음을 전달해보자. 그리고 그보다
전에 어른인 우리 자신의 감정과 몸을 돌아보는 일을 반드시 수행
하자. 행복감과 따뜻함, 사랑스러움이 내 안에 자리하도록, 우리는
우리 자신을 얼마든지 유연하게 만들 수 있다.

　주변을 돌아보면 이렇게 자신을 먼저 변화시키고, 학교를 보다 나은 곳으로 만들기 위해 노력하는 사람이 많다. 그 사람들은 자신에게 익숙하고 의미 있다고 생각하는 방향과 방법으로 학교에 변화를 만들어가고 있다. 좋은 진동이 자리하기 위해서는 모두가 다 같은 방식으로 세상을 바라보지 않음을 기억해야 하며, 내면에 자리한 감정 상태나 트라우마 경험 등이 좋은 것을 받아들이는 데 각각의 차이를 만듦을 기억하자. 좋은 진동을 학교에 전달하는 사람이 많다는 것을 기억할 필요가 있다.

삶은 멋진 것이고 세상에는 좋은 사람이 많으며, 우리의 미래는 밝다. 정말 학교에는 불편한 사건만 자리하는 것일까? 그리고 불편한 진동만 자리하고 있을까? 내 경우에도 관계 속에서 상처받고 고민했던 여러 사건과 에피소드가 삶 속에 자리했지만, 그와 반대로 함께 웃으며 눈물 흘렸던 여러 감동스러운 순간 또한 자리했다. SNS를 통해 다른 선생님들의 이야기를 접해보면 의미 있는 활동으로 학생들을 감동시키고 보다 좋은 교사가 되기 위해 노력하는 이야기를 만나게 된다. 그리고 과거의 상처를 이겨내고 훌륭하게 성장해가는 제자들과 자신의 자녀를 위해 최선을 다하는 부모의 사례 또한 만나게 된다. 자신이 만드는 영향을 알아차리고 건강한 학교를 만들기 위해 노력하는 관리자도 볼 수 있다.

이런 좋은 영향은 서로에게 전달되고, 서로를 자극할 수 있다. 이런 움직임이 많아질 때 다 같이 성장하는 일이 가능해질 것이다. 지금은 과거와 달리 좋은 것을 나누는 것이 훨씬 자연스러워지고 빨라진 세상이다. SNS에서 삶의 멘토를 찾기도 하고, 평범한 사람들의 지혜와 슬기를 배울 수도 있는 것이다. 많은 사람들은 좋은 사람이 되고 싶어 하는 마음속 끌림이 있다. 그래서 좋은 글을 공유하고 싶어 하고 가까운 이들에게 전달하고 싶어 하는 것이다. 학교에 자리한 좋은 진동을 서로에게 알리고, 다른 이의 좋은 점을 닮기 위해 노력하는 멋진 시스템을 활용해보자.

나는 블로그 '마음 흔들기(http://blog.daum.net/teacher-junho)'를

운영하면서 많은 분들로부터 다양한 피드백을 받았다. 내 블로그에 소개된 활동과 수업을 보고 자신의 교실에서 운영해본 뒤 감동했다는 선생님도 있었고, 내 책을 보고 삶이 변화되었다는 선생님도 있었다. 원격연수를 통해 공유하는 워크숍, 심리극을 통해 상담과 치료를 받아보고 싶다며 문의하는 분도 있었다. 내가 만난 변화의 경험이 다른 누군가에게 전달되는 느낌을 받는 사례가 갈수록 늘어났다. 과거 분노에 사로잡혔던 나를 치료사와 전문가가 변화시켰고, 학교에서 진행하는 수업과 학급 운영을 해나가는 데 매우 긍정적인 도움을 주었다. 심리치료사 관련 학위와 자격증을 갖춘 지금은 나 자신이 주변에 좋은 진동을 만들기 위해 노력하고 있다. 내가 만든 진동이 전국 여러 곳으로 퍼져 나가고, 그 진동이 또 누군가를 보다 좋은 쪽으로 변화시키는 것을 지켜보는 것은 감동스러운 일이다. 이 책을 읽은 누군가가 자신의 감정을 확인해보고 내가 만드는 진동의 크기와 색을 확인해본다면 그것만으로도 참 감사한 일이 될 것이다.

공부와 임상 경험이 커질수록 내가 만드는 진동이 더 큰 영향을 미치는 것을 보게 된다. 과거 내가 받았던 상처가 없었다면 심리치료 쪽으로는 관심을 두지 않았을 것이다. 내 안의 결핍이 마음의 끌림을 만들었고, 그 끌림으로 인해 좋은 사람을 만나게 되고 그로 인해 변했으니, '성장'을 만들어준 과거 상처에게 깊이 감사하게 된다.

무엇보다 상처가 성장으로 연결됨을 기억하자. 우리는 계속 상처를 이야기하고, 이 상처가 자신을 얼마나 망가지게 만들었는지 이야기해야 한다. 때로는 상처 안으로 들어가 웅크려 있고 멈추어 있어도 된다. 학교 현장에서 벌어지는 여러 불편한 일과 부딪치는 사람을 보면서, 원래 나에게 상처를 준 사람과 사건을 대신해 지금의 상대와 싸우고 상대를 공격할 수도 있다. 하지만 상대와 대화를 나누고 상황을 깊게 살펴보고 보다 현명하게 그 상황에서 벗어날 수 있는 방법을 탐색해보는 것 또한 '선택'이다. 그리고 치유와 성장을 위해, 언젠가 찾아올 내 마음의 평화를 생각하며 조금 더 힘을 내보는 것도 나의 선택이다. 과거는 변하지 않지만 미래는 변하기 때문이다. 이렇게 과거의 상처가 성장으로 이어지는 여러 사람이 있음을 기억하자. 만남이 때로는 성장을 만들고, 작은 변화의 경험은 또 다른 큰 변화를 만들어낸다는 것을 기억하자. 그리고 좋은 진동을 만들기 위해서는 한 사람만의 노력으로는 불가능하다는 사실을, 어른의 역할이 무엇보다 중요하다는 사실을 명심하자.

현재의 학부모는 과거 학창 시절 체벌과 강압적인 학교 시스템 속에서 생활했다. 학교는 감동적인 곳이 아니었고, 학교에서 받은 상처는 여전히 위로받지 못했다. 이런 과거의 경험은 현재 학교를 바라보는 눈을 만들었다. 그리고 사회는 그들을 경제적으로 안정시키지 못했고, 자녀를 따뜻하게 바라볼 여유를 만들지 못했다. 좋은 부모가 될 기회를 갖지 못했고, 자신이 하지 못한 일을 '학교'가 해주길, 교사가 대신 해주길 바라는 판타지가 생겼다. 내면에 상처가 있는 부모는 작은 자극에도 더 큰 스트레스를 받는다. 학교에 자리한 학생들과의 관계에서 벌어진 작은 사건에도 예민해지고, 생존을 위해 대화와 상황을 파악하기보다는 먼저 '공격'을 해야 손해를 보지 않는다는 생각이 자리 잡았다. 내 자녀의 성공과 좋은 대학 진학을 방해하는 작은 자극에도 예민해져 자녀의 친구(또는 부모)를 고소(고발)하는 일도 서슴지 않았다. 이 글을 읽는 당신이 학부모라면, 자신이 만드는 진동을 먼저 확인해봐야 한다. 내 마음의 문제가 때때로 자녀에게 전달되어 자녀가 온전한 삶을 살아가지 못하게 할 수도 있음을 기억하자. 나와 배우자가 관계를 맺는 방식이, 내 삶에 불쑥 찾아온 스트레스 상황을 내가 어떻게 대처해나가는지가 내 자녀에게 고스란히 전달된다는 사실을 가슴 깊이 기억하자.

학교를 바라볼 때면 얼마만큼이나 학생을 위한 행사인지, 학생들에게 과연 많은 도움을 주는 행사인지, 그리고 특별한 결과를 가져오는 행사인지에 촉각을 곤두세우기보다는 행사를 주관하고 행사를 위해 힘을 쓴 분들의 얼굴을 자세히 살펴보자. 담임 선생님뿐만 아니라 학생을 가르치는 전체 교사들의 얼굴이 어둡고 지쳐 있다면 교사의 마음이 행사와 결과물에만 분산된 탓일 것이다. 교사들은 작은 감사 인사와 존중을 담은 메시지만으로도 큰 힘을 얻는다. 때로는 학부모가 학생과 교사의 행복을 위해 같은 목소리를 내는 것만으로도 학교가 변화할 수 있음을 기억하자.

현재 우리 사회는 <u>교사가</u> 슈퍼맨이 되기를 요구한다. 교사는 수업을 가르치는 교수 행위뿐 아니라 행정적인 업무도 원활히 처리해야 하며 때에 따라서는 자신의 전문 분야가 아닌 심리치료사, 형사, 판사, 예언자 등의 역할까지 요구받고 있다. 반면 작은 실수라도 하면 쉽게 비난받는 구조에 놓여 있다. 사회의 과도한 기대와 폭주하는 업무 때문에 스트레스 상황에도 자주 노출되어 있다. 학생들과 즐겁게 학업에 몰두하며 학생의 미묘한 변화를 알아차릴 만큼 여유 있는 근무 환경을 보장받지 못하고 있다. 학교 시스템 또한 상의하달식 정책과 불필요한 행정 처리와 과도한 공문으로 교사가 자율성을 지키며 창의적인 수업을 펼쳐 나가기 매우 힘든 구조다.

이런 과도한 시스템 아래서는 실수와 실패가 당연하다고 생각하면서 자신을 위로하고 격려해야 한다. 무엇보다 이 안에서 자신에게 생긴 진동이 어디에서 왔는지, 어떤 전달을 하고 있는지 파악하고 아는 것이 매우 중요하다. 완벽한 인간이 없음을 기억하고, 자신의 장점과 전문 분야를 바라보면서 자신에게 부족한 부분은 남과 손을 잡고 함께 협력해야 함을 기억하자.

무엇보다 관리자는 근무하는 선생님의 얼굴과 몸을 잘 관찰해야 한다. 그들이 자꾸 교실로 숨거나 소통하지 않으려 하는 것은 내면에 감정적인 이유가 있음을 기억해야 한다. 학생의 행복을 위해서는 먼저 교사의 행복이 전제되어야 하고 교사의 근무 환경이 심리적으로 불편하지 않아야 한다. 새 학년을 구성할 때 모두가 일을 피하려 한다면 지난 1년간 선생님들이 그로 인해 받았을 고통도 함께 헤아려야 한다. 그리고 관리자인 자신이 학교 전체를 보다 행복하게 만들 수 있는 힘이 있음을 기억하고 편안하고 행복한 학교를 만들기 위해 고민해야 한다. 교사와 관리자 모두 내면의 불편함이 있다면 함께 논의하고 협력을 통해 줄여가는 일을 해야 하며, 적절한 비용과 시간을 투자해 내면의 불편을 제거하도록 노력해야 할 것이다.

학교는 일종의 조직체라 할 수 있다. 여러 사람이 학교 안에서 역동을 주고받고, 그로 인해 학교는 항상 똑같은 모습이 아닌 살아 숨 쉬는 유기체와 같아진다. 이와 관련해 학교에 자리 잡은 주고받음의 법칙을 기억할 필요가 있다. 내가 선물을 받으면 자연스럽게 선물을 준 사람에게 답례를 하고 싶은 것처럼, 사람에게는 받은 것을 돌려주고 싶어 하는 마음이 있다. 내가 사랑을 주면 사랑이 돌아온다. 그리고 믿음을 주면 믿음이 돌아오는 것이 자연스러운 인간사다. 교사는 학생에게 강한 처벌과 규칙과 불신이 아닌 사랑과 믿음을 '먼저' 보내야 함을 기억해야 한다. 불안감에서 기인한 엄격한 학급 운영은 아이들의 불신과 반항, 뒷담화로 돌아올 뿐이라는 사실을 알아야 한다. 화를 보내면 화가 돌아오지만 미소를 보내면 미소가 돌아온다.

그리고 일상적인 주고받음의 법칙과 달리 교사에게는 특별한 주고받음의 법칙이 있음을 기억하자. 부모는 자녀에게 생명을 선물로 주지만 자녀는 이를 돌려줄 수 없다. 물이 위에서 아래로 흐르듯 생명 또한 위 세대에서 아래 세대로 전달되기 때문이다. 교사가 학생에게 보내는 사랑과 믿음은 바로 당장 돌려받는 것이 아님을 기억하자. 지금 학생에게 주는 사랑과 믿음은 그 학생이 또 다른 누군가에게 전달함을, 지금은 눈에 보이지 않지만 시간이 지나면서 조금씩 각도가 벌어지는 것처럼 보다 더 좋은 사람으로 성장하는 것으로 돌려받을 수 있다는 사실을 기억하자.

관리자가 교사에게 믿음을 보내면 열정적인 교사의 모습이 돌아오고, 안정감과 지지를 보내면 존중이 돌아온다는 것을 기억하자. 반면 관리자가 무조건적인 희생과 요구만을 강요하다 보면 무력감과 불통만이 돌아온다는 것을 기억하자. 학부모도 마찬가지다. 교사에게 믿음을 보내면 교사는 그 믿음을 먹고 더 큰 힘으로 학생들에게 사랑을 줄 것이다. 반면 교사에게 비난을 보내면 교사는 심리적인 불안정으로 학급을 운영해나갈 것이고, 이는 곧 아이들에게 부정적인 영향으로 나타날 것이다. 학부모는 얼마든지 학교의 성장과 발전을 위해 학교에 좋은 아이디어를 제시할 수 있고 이에 마땅한 합리적인 요구를 할 수 있다. 이런 긍정적인 목소리가 더해지면 아이들의 학교는 지금보다 훨씬 행복하고 좋은 곳이 될 수 있음을 명심하자.

자녀에게 믿음을 주면 자율성을 지닌 자녀가, 사랑을 주면 안정감을 지닌 자녀의 모습이 돌아온다. 자녀에게 슬픔을 주었을 때 무력한 자녀가, 화를 주었을 때는 분노하는 자녀가 돌아옴을 기억하

자. 좋은 것을 주고받고 좋은 진동을 만드는 학부모와 교사가 되어야 한다.

　학생과 자녀들이 시간이 지나 어른이 되어 또 그들의 학생과 자녀에게 어떤 진동을 만들지 생각해보자. 음식을 먹어보면 그 맛을 알게 되는 것처럼, 오랫동안 자주 먹으면 그 맛에 익숙해지는 것처럼, '좋은 음식'과 '익숙한 음식'에 해당하는 좋은 감정과 경험을 학생과 자녀들에게 줄 수 있도록 우리는 노력해야 한다. 그 과정에서 실수도 하겠지만 두려워해서는 안 된다. 언제나 실수를 통해서 더 성장한다는 것을 기억하자. 때로는 좋은 프로그램 속에서 건강하게 분노하고, 감정의 찌꺼기를 버릴 수 있는 나만의 쓰레기통을 준비하자. 슬픔이 찾아올 때 내 삶을 통째로 흔들지 않도록 충분히 눈물 흘려 슬픔을 비워내자. 불안감이 찾아올 때는 불안이 나쁜 것만이 아님을 기억하고 건강한 사람들 곁에 자리하자. 수치심이 자리하거든 긴 호흡을 내뱉으며 내가 나를 위로해주고 따뜻하게 안아주자. 내 마음에 아픔과 상처를 준 사람이 있다면 용서하자. 그리고 과거의 경험에 대해 동의하자. 이 모든 것이 내가 만나는 학생과 자녀를 위한 일이기도 하다. 세상 사람들은 다양하고 각자 최선을 다하고 있음을, 그리고 각자의 장점들이 만나거나 각자의 부족함을 채워주는 멋진 만남이 함께 성장을 만들어감을 기억하자. 내게 자리한 상처는 언젠가는 성장으로 이어짐을 기억하면서 때로는 좋은 기관, 상담자를 찾아가 마음을 토해내는 일도 매우 중요하다. 그리고 사람이 많은 곳에서 좋은 경험을 통해 사람에게 받은 상처를 사람에게 위로받는 기회를 갖자. 이 또한 내 자녀와 학생을 위하는 일이기도 하다. 일부를 실천하는 것만으로도 학교에 좋은 진동을 만드는 것임을 기억하자.

지금까지 학교, 가정을 모빌이라는 구조에 맞추어 과거에 경험한 여러 감정적인 사건이 현재에 어떻게 영향을 미치는지, 그리고 앞으로 어떤 영향을 미칠 수 있을지 살펴보았다. 글을 읽으며 어떤 이야기에 가장 마음이 끌렸는지 점검해보자. 피곤할 때 초콜릿이 생각나고 배가 고프면 음식이 당기는 것처럼 모든 '끌림'에는 이유가 있다. 그 끌림을 좋은 쪽으로 바꾸고 내 성장을 위한 에너지로 사용해보자. 조금씩 노력하면 절반 남은 음료수를 보고도 서운하지 않은 멋진 프레이밍이 자리 잡게 된다. 자신이 노력해 만든 좋은 진동이 당장 눈에 보이지는 않지만, 시간이 지나면 언젠가는 효과를 볼 것이다. 지금 만들어진 작은 각도의 벌어짐은 당장 눈에 보이지 않지만, 선이 길어지고 시간이 지날수록 벌어진 각도가 조금씩 눈에 보이고 영향을 끼치게 된다.

이 책에 실린 학교 내의 여러 이야기가 여러분의 경험과 노력에 힘을 보탤 수 있으리라 믿는다. 당신이 좋은 부모와 교사를 기대했던 것처럼 당신이 만나는 자녀와 학생은 좋은 부모와 교사의 모습인 당신을 기대한다. 기술과 기법 이전에 마음의 안정, 작은 감동이 우리 삶을 바꿀 수 있음을 기억하자.

교사, 심리치료사의
눈으로 바라본 학교 심리테라피

「이 도서의 국립중앙도서관 출판시도서목록(CIP)은
서지정보유통지원시스템 홈페이지(http://seoji.nl.go.kr)와
국가자료공동목록시스템(http://www.nl.go.kr/kolisnet)에서 이용하실 수 있습니다.
(CIP제어번호: CIP2015015353)」

서준호 선생님의
학교 흔들기
ⓒ 서준호

초판 1쇄 발행 2015년 7월 1일
초판 2쇄 발행 2016년 9월 30일

지은이 서준호

발행인 윤을식
책임편집 이연선
편　집 김명희 이현선

펴낸곳 도서출판 지식프레임
출판등록 2008년 1월 4일 제 2016-000017호
주소 서울시 서초구 효령로26길 9-12, B1
전화 (02)521-3172 ｜ **팩스** (02)6007-1835

이메일 editor@jisikframe.com
홈페이지 http://www.jisikframe.com

ISBN 978-89-94655-39-0 (03370)